Hundeerziehung

Hundeerziehung

Trainingsmethoden und Verhaltensregeln

Herausgegeben von Matthew Hoffman

KÖNEMANN

Notiz des Herausgebers

Dieses Buch ist ein Ratgeber und kein tiermedizinisches Nachschlagewerk. Die hier gebotenen Informationen sollen Ihnen helfen, das Verhalten Ihres Hundes besser zu verstehen; sie können aber nicht das Fachwissen eines Tierarztes ersetzen. Wenn Sie bei Ihrem Tier eine Besorgnis erregende Verhaltensauffälligkeit feststellen, empfehlen wir Ihnen dringend, fachkundige Hilfe in Anspruch zu nehmen.

Originalausgabe © 1999 Weldon Owen, Inc.
Originaltitel: The Well-Mannered Dog.
From Dealing with Cats to Staying in Hotels, a Total Guide to Good Manners

© 2005 für die deutsche Ausgabe:
KÖNEMANN* in der Tandem Verlag GmbH, Königswinter

Übersetzung aus dem Englischen: Simone Wiemken
Redaktion: Verlagsbüro Schürmann, Wedel
Satz: Nina Kodal, Hamburg, für Verlagsbüro Schürmann

Projektkoordination: Dr. Marten Brandt

* KÖNEMANN ist eine eingetragene Marke der Tandem Verlag GmbH

Printed in Germany

ISBN 3-8331-1281-6

10 9 8 7 6 5 4 3 2 1
X IX VIII VII VI V IV III II I

Hundeerziehung

Herausgegeben von
Matthew Hoffman

Mit Beiträgen von
Sheree Crute, Susan Easterly, Tony Farrell,
Susan McCullough, Christian Millman, Jana Murphy, Amy D. Shojai

Illustrationen und Vignetten
Chris Wilson, Matt Graif/Merilake

KÖNEMANN

Inhalt

VIERTER TEIL

Mit dem Hund unterwegs

FÜNFTER TEIL

Begegnungen mit Nachbarn

Einleitung

Jeden Winter finden sich Tausende von Hunden verschiedenster Rassen im Madison Square Garden in New York zur alljährlichen Hundeschau ein. Zu dieser prestigeträchtigen Veranstaltung sind nur die Champions jeder Rasse zugelassen. Ich fahre jedes Jahr zu dieser Schau, um mir diese Superhunde anzusehen, doch irgendwie kann ich mich des Eindrucks nicht erwehren, dass das ganze Präzisionstraining, das diese Hunde genossen haben, nicht sehr sinnvoll ist. Zugegeben, es wäre schön, wenn unser Hund das Kommando »Sitz!« perfekt beherrschen oder in beide Richtungen schauen würde, bevor er über die Straße läuft, doch im Grunde sind für uns normale Hundehalter ganz andere Dinge wichtig. Zum Beispiel würden wir es gern sehen, wenn der Hund den Briefträger zukünftig mit einem leisen Wuff begrüßte, statt wild kläffend an der Tür hochzuspringen – oder wenn er Katzen höflich beschnuppern würde, statt sie durch den Garten zu jagen.

Meine Labradorhündin Molly ist ein typisches Beispiel. Sie ist relativ gut erzogen, wenn sie auch manchmal »Komm her!« mit »Lauf weg!« verwechselt. Doch mir ist schon längst klar geworden, dass Gehorsam nicht dasselbe ist wie gutes Benehmen. Wenn ich zum Beispiel mit Molly spazieren gehe, verrichtet sie ihr Ge-

schäft grundsätzlich auf dem Rasen eines Nachbarn, als wäre ihr der eigene nicht gut genug. Und zu Hause steckt sie ständig mit der Schnauze im Mülleimer. Sie frisst alle Abfälle, die sie findet, und übergibt sich dann auf dem Teppich. Molly braucht keine Ausbildung – sie braucht jemanden, der ihr Manieren beibringt.

Genau diesen Zweck erfüllt dieses Buch. Es ist ein Benimm-Buch für Hunde mit praktischen Tipps für alle Lebenslagen. Vergessen Sie das perfekte Sitzen oder Bei-Fuß-Gehen. Dieses Buch zeigt Ihnen, was Sie gegen das Sabbern Ihres Hundes unternehmen können, wie Sie ihm klarmachen, dass Sie gern eine Privatsphäre hätten, und wie Sie ihn dazu bringen, seinen Schlafplatz aufzusuchen und dort zu bleiben.

Natürlich braucht jeder Hund eine gewisse Erziehung, und die müssen Sie ihm vermitteln. Aus diesem Grund finden Sie in diesem Buch auch Tipps zur Disziplinierung, die wirkungsvollsten Kommandos und Anweisungen, wie Sie es vermeiden, sich in der Leine zu verstricken.

Hunde bleiben Hunde, das ist klar. Sie tun Dinge, die für sie ganz normal sind, die wir aber ekelhaft oder auch nur ungehörig finden. Nehmen Sie zum Beispiel das Kauen. Sie werden erfahren, warum Hunde Sachen zerkauen, und auch, was Sie dagegen tun können. Oder das Jagen von Katzen. Auch wenn es oft nicht so aussieht – Katzen und Hunde sind nicht von Natur aus verfeindet. Die meisten Hunde jagen Katzen gewissermaßen »aus Versehen«, weil Katzen nun einmal den kleinen Beutetieren ähneln, von denen Hunde sich einst ernährt haben. Dieses Buch zeigt Ihnen, wie Sie für dauerhaften Frieden zwischen Hund und Katze sorgen können.

Alle Hunde wären gern wohlerzogen – nicht nur, um nicht wegen schlechten Benehmens ohne Essen ins Bett zu müssen, sondern, weil sie ihren zweibeinigen Familienmitgliedern gefallen möchten. In diesem Buch finden Sie Tricks, die helfen, dass Ihr Hund schneller lernt und dass er behält, was er gelernt hat. Sie erfahren, wann es sinnvoller ist, »Ja« zu sagen anstatt »Nein«, wann Sie streng sein und wann Sie sich abwenden müssen. Wir geben Ihnen Tipps für die besten Trainingszeiten und -orte. Darüber hinaus zeigen wir Ihnen, wie Sie Ihrem Hund besondere Fähigkeiten antrainieren können. Dazu gehört das Bringen der Pantoffeln, das Einschalten des Lichts oder das Winken zum Abschied. Diese Kunststücke können Sie Ihrem Hund in wenigen Sitzungen beibringen.

Es gibt Hunde, die sich immer von ihrer besten Seite zeigen, aber auch solche, die etwas sonderbar sind. So z. B. Wotan, ein Labrador, der sein Wasser nicht trinkt, sondern damit spielt. Oder Diva, die den Kindern das Spielzeug stiehlt. Sie werden staunen, was diesen Vierbeinern alles eingefallen ist, aber auch, was sich die leidgeprüften Besitzer ausgedacht haben, um ihnen Manieren beizubringen.

Egal, ob Ihr Hund eine Landplage, ein Quälgeist oder einfach nur ein wenig ungezogen ist – es ist kinderleicht, ihm besseres Benehmen beizubringen, und das Resultat wird Sie und Ihren Hund erfreuen.

Matthew Hoffman

Matthew Hoffman
Herausgeber

ERSTER TEIL

Auch gute Hunde sind keine Engel

Alle Hunde verhalten sich oft so, dass es uns nicht gefällt. Das liegt nicht daran, dass sie stur oder übermütig sind, sondern daran, dass sie eine andere Vorstellung von guten Manieren haben. Wir geben uns die Hand – sie schnuppern. Wir sitzen auf der Couch – sie flegeln sich darauf herum. Doch trotz dieser und vieler anderer abweichender Vorstellungen über angemessenes Verhalten ist jeder Hund bestrebt, es seinem Besitzer recht zu machen. Und das macht es so leicht, ihm das beizubringen, was wir von ihm erwarten.

KAPITEL EINS

Wozu gute Manieren?

Ein gut erzogener Hund ist überall willkommen. Ob er sich auf Kommando hinsetzt oder Ihnen die Zeitung bringt – nur wenn er gute Manieren hat, werden Sie rundum mit ihm zufrieden sein.

Chooch ist ein Hund, von dem viele träumen; ein rötlich brauner Chow-Chow mit einem freundlichen Gesicht und einem Herzen aus Gold. Er bewacht heldenhaft die Haustür, ist aber auch so brav, dass die Kinder ihn als Kopfkissen benutzen und mit ihm spielen können. Und wenn seine Besitzer es gelegentlich nicht schaffen, mit ihm hinauszugehen, manövriert er seinen vierzig Kilo schweren Körper geschickt übers Katzenklo.

Wenn dieser Samojede gerufen wird, lässt er sofort sein Spielzeug fallen und kommt angesaust, was ein eindeutiger Beweis für seine gute Erziehung ist.

Choochs Besitzerin ist von seinem Geschick begeistert, kann sich jedoch nicht erklären, wie ihr Hund auf diese Idee gekommen ist. Kater Molle beeindruckt dieses Kunststück seines Mitbewohners weniger. Er empfindet Choochs Verhalten eindeutig als empörenden Eingriff in seine Privatsphäre – schließlich ist die Kiste sein Eigentum. Das beweist, wie schnell die guten Manieren eines Hundes für ein anderes Familienmitglied zum Problem werden können.

Was sind gute Manieren?

Hunde tun oft Dinge, die Menschen nicht nachvollziehen können, weil ihre Lebensgewohnheiten einfach zu verschieden sind. Die unterschiedliche Perspektive macht es schwierig, den Begriff »gute Manieren« exakt zu definieren. Die meisten als Verhaltensstörungen bezeichneten Angewohnheiten sind in der Regel nur für uns ein Problem, nicht aber für den Hund.

Ein Hund, der zum Beispiel Schuhe zerkaut, tut nur, was Hunde eben tun. Zugegeben, er sucht sich vielleicht die falschen Gegenstände aus, aber das ist mit Sicherheit keine böse Absicht. Ein kräftiger Rottweiler, der durch die Tür hindurch Fremde anknurrt, ist gewiss nicht bösartig – er demonstriert nur seine angeborene

Eignung als Schutzhund. Und ein Hund, der durchs Wohnzimmer rast, als wäre es der Nürburgring, tut das nicht, um Sie zu ärgern, sondern lässt wahrscheinlich nur Dampf ab. Ungeachtet des Charakters und der Rasse sollte jeder Hund die folgenden Regeln beherrschen:

- Die Möbel sind nicht zum Zerstören da.
- Sein Geschäft verrichtet man draußen und nicht im Haus.
- Wenn man gerufen wird, kommt man.
- An der Leine wird nicht gezerrt.
- Menschen werden zumindest so weit respektiert, dass man ihnen gegenüber nie Aggressionen zeigt.

Natürlich wird jeder Hundehalter dieser Liste noch den einen oder anderen Punkt hinzufügen wollen. Wenn Sie z. B. noch andere Tiere haben oder mit Ihrem Hund in der Öffentlichkeit spazieren gehen, werden Sie sich vermutlich wünschen, dass er angesichts von anderen Hunden und Katzen ruhig bleibt. Andere Hundebesitzer möchten, dass ihr Hund auf Befehl aufhört zu bellen, dass er keine Menschen anspringt und darauf verzichtet, Leuten feuchte Küsse aufzudrücken, die das nicht mögen. Hunde sind anpassungsfähig und wollen gefallen, was bedeutet, dass es nicht allzu schwer ist, ihnen beizubringen, was sie lernen sollen.

RASSENSPEZIFISCHES

Im Kino sind Dalmatiner liebenswerte Hunde, doch das wirkliche Leben mit ihnen ist nicht einfach, weil sie zu Nervosität neigen und auch oft relativ ungesellig sind. Sie sind großartige Hunde, die aber nur bei erfahrenen und überaus geduldigen Haltern wirklich gut aufgehoben sind.

Ein Gewinn für beide Seiten

Die Vorteile eines gut erzogenen Hundes sind aus menschlicher Sicht eindeutig: Ein Hund, der weiß, was sich gehört, wird zum geliebten Familienmitglied, das auch andere Leute gerne um sich haben. Doch auch die Hunde profitieren davon. Sie sind glücklich, wenn »ihre« Menschen mit ihnen zufrieden sind und sie genau wissen, wie sie sich zu verhalten haben, um diese Zufriedenheit zu gewährleisten. Gibt man ihnen keine klaren Verhaltensrichtlinien, so werden sie unsicher. Das liegt daran, dass Hunde Rudeltiere sind und stets danach streben, sich einem Leittier unterzuordnen.

Bei Hunden, die fast nur im Haus gehalten werden, reicht es aus, wenn sie ein paar grundlegende Regeln beherrschen. Doch Hunde, die ihre Besitzer auf Reisen, zum Einkaufen oder auf lange Spaziergänge begleiten dürfen, müssen mehr können. Je besser sie sich in der Öffentlichkeit zu benehmen wissen, desto häufiger können sie mitkommen, und das ist für einen Hund die größtmögliche Belohnung.

Basisregeln

Unabhängig davon, ob Sie mit Ihrem Hund in eine Hundeschule gehen oder nicht, sollte er auf jeden Fall lernen, dass er Sie immer ansehen soll, wenn Sie ihm etwas sagen. Am leichtesten bringen Sie ihm das bei, indem Sie ihm zeigen, dass Sie die Kontrolle über das haben, was er am

Ein Exemplar für sich

Greyhounds gelten als intelligente, graziöse Hunde aus erlesener Zucht. Ja, und dann gibt es da noch Senta. Intelligent ist sie, doch ihre Manieren lassen sich mit ihrem adligen Stammbaum nicht so recht vereinbaren – und das, obwohl sie einer Tierärztin und Verhaltensforscherin gehört.

Für Senta, die in der Nähe eines Bauernhofs lebt, gibt es nichts Schöneres, als sich in Kuhmist zu wälzen. Pferdemist geht auch, aber Kuhfladen gibt sie entschieden den Vorzug. Und sie wälzt sich nicht nur darin – sie bohrt sich richtig hinein und reibt sich so viel von dem übel riechenden Zeug ins Fell wie nur möglich. Danach stinkt sie tage- und manchmal sogar wochenlang, bis ihre Besitzerin es nicht mehr aushält und sie badet. Dann zieht es Senta sofort wieder zur Kuhweide, und der Spaß geht von vorn los.

Die Fachleute haben viele Theorien, warum sich Hunde im Kot wälzen, doch es gibt eine ganz einfache Erklärung dafür. Senta wälzt sich aus demselben Grund im Kuhmist, aus dem wir Menschen Parfüm benutzen.

meisten liebt. Er muss begreifen, dass Sie sein Zugang zum Futter sind. Futter motiviert ungemein, und Hunde tun fast alles dafür. Um die Verbindung von Futter und guten Manieren zu begreifen, muss er eines lernen: Im Leben gibt es nichts umsonst.

Bevor Sie Ihrem Hund sein Futter hinstellen, lassen Sie ihn etwas dafür tun. Es spielt keine Rolle, was: sitzen, liegen, auf Ruf kommen oder sonst etwas. Wenn er gehorcht – und wenn es Futter gibt, sind die meisten Hunde erstaunlich folgsam –, stellen Sie ihm den Napf hin.

Jetzt hat er eine wichtige Grundregel gelernt: Tut er, was Sie sagen, gibt es Futter. Damit er diese Regel nicht sofort wieder vergisst, sollten Sie sie ihm immer wieder ins Gedächtnis rufen. Lassen Sie ihn sitzen, bevor er hinausdarf, und belohnen Sie ihn, wenn er es tut. Verlangen Sie ein paar Gehorsamsübungen und belohnen Sie ihn, wenn er sie richtig ausführt. Wenn Sie stets so verfahren, wird er Sie immer ansehen, wenn er auf Anweisungen wartet, und genau das ist der Schlüssel zu einer erfolgreichen Erziehung.

Natürlich lernen nicht alle Hunde gleich schnell. Es gibt langsame und schnelle Denker und sture und übermütige Charaktere. Andere sind eher scheu und nervös. Machen Sie jedoch nicht den Fehler, sich einen Hund auszusuchen, weil Sie die Rasse zu kennen glauben. Nicht jeder Collie ist wie Lassie und nicht jeder Schäferhund wie Kommissar Rex.

Wer der Boss ist, lernt Ihr Hund schnell, wenn Sie ihm klarmachen, woher sein Futter kommt. Dieser Springerspaniel weiß, dass er sich hinsetzen muss, wenn er Futter haben will.

KAPITEL ZWEI

ÜBERMUT TUT SELTEN GUT

Betrachten Sie es als den Zusammenstoß zweier Welten. Auch der bravste Hund kommt manchmal in Schwierigkeiten, weil er unter gutem Benehmen etwas anderes versteht als sein Herrchen oder Frauchen. Damit sind Verwirrung und Unheil programmiert.

Sascha liebt Wäsche, vor allem, wenn sie frisch gewaschen und ordentlich gefaltet im Wäschekorb liegt. Wenn die richtige Gelegenheit gekommen ist, springt der sechsjährige Yorkshireterrier in den Korb und stöbert darin herum, bis er gefunden hat, was er sucht – ein fest zusammengerolltes Paar Socken. Sobald er diesen Hauptgewinn gezogen hat, beginnt das Spiel. Er trabt damit voller Vorfreude zu Frauchen, die Socken fest zwischen den Zähnen, und wartet mit leuchtenden Augen. Wie nicht anders zu erwarten, springt Frauchen sofort auf und versucht, ihre Socken zu retten – und schon düst Sascha los. Das Spiel endet erst, wenn der Mensch die Socken zurückerobert oder Sascha sie in Fetzen gerissen hat.

Natürlich lässt sich Saschas Spiel aus menschlicher Sicht eindeutig in die Kategorie »grober Unfug« einordnen, doch er tut es nicht, weil er schlecht erzogen oder einfach frech ist. Ganz im Gegenteil. Er tut nur, was seine Besitzerin ihm ohne es zu wollen beigebracht hat. Leute rennen hinter Hunden her, wenn sie ihren Besitz zurückhaben wollen. Hunde dagegen rennen hinter ihresgleichen her, wenn sie spielen wollen. Sascha, der das Verhalten seiner Besitzerin auf Hundeart interpretiert, spielt begeistert mit.

Keine böse Absicht

Natürlich ist kein Hund ein Heiliger. Hunde tun vieles, auf das ihre Besitzer verzichten könnten. Der Diebstahl von Socken ist noch relativ harmlos. Es gibt Hunde, die Tischbeine zerkauen, Hühnerknochen aus dem Müll holen und Steaks von der Küchenarbeitsplatte stibitzen. Und es gibt solche, die still stehen, wenn der Besitzer mit der Leine kommt – und dann

Dieser Mischlingswelpe vertreibt sich die Zeit mit einer Toilettenpapierrolle. Für seinen Besitzer ist dies zweifellos eine Ungezogenheit.

mit schelmischem Gesichtsausdruck davonrasen. All das tun Hunde nicht mit böser Absicht. Sie tun einfach nur, was Hunde schon immer getan haben, doch in den Augen der Menschen sieht dieses Verhalten nur allzu oft nach Ungezogenheit aus. Dazu gehören z. B. auch das Bellen und das Umgraben des Gartens.

Ich bin doch nur ein Welpe!

Falls Sie jemals die Gelegenheit bekommen sollten, wilde Hunde zu beobachten, werden Sie erstaunt sein, wie »unhündisch« sie sich verhalten. Hunde (und Wölfe), die nie gezähmt wurden, sind misstrauisch, stolz und vollkommen unabhängig. Sie gieren nicht nach menschlicher Zuwendung. Sie verlangen keine Leckerbissen. Und sie hören mit Sicherheit nicht auf das, was Sie ihnen zu sagen haben. Sie sind in jeder Hinsicht das genaue Gegenteil von unseren Haushunden.

Im Laufe von vielen tausend Jahren haben die Menschen das Selbstbewusstsein und die Unabhängigkeit der Hunde systematisch weggezüchtet und die Zuchttiere nach Sanftheit, Schönheit und Beherrschbarkeit selektiert. Noch heute sind Hunde besonders beliebt, die ihr welpenhaftes Aussehen ein Leben lang behalten. Doch damit ist auch ein verspieltes, gewissermaßen unreifes Verhalten verbunden. Ob wir es nun wahrhaben wollen oder nicht – wir selbst waren es, die den Schalk in unsere Hunde gezüchtet haben.

Bei einigen wenigen Rassen sind die ursprünglichen Charakterzüge erhalten geblieben. Zu ihnen gehören die Basenjis, die wegen ihrer Intelligenz, ihres wundervollen Fells und ihrer ungewöhnlichen Stimme geschätzt werden (sie bellen nicht, sondern geben einen jodelnden Laut von sich). Basenjis sind wundervolle Hunde, aber nur, wenn man bereit ist, sich mit ihrem Streben nach Unabhängigkeit anzufreunden. Sie machen relativ wenig Unsinn, weil sie nichts Welpenhaftes an sich haben. Das bedeutet aber auch, dass sie unter Umständen weniger anhänglich sind als andere Hunde.

Als Zuchtfolge zeigen die meisten Hunde auch ausgewachsen ein welpenhaftes Verhalten. Einige Rassen, wie der Basenji, haben sich die Unabhängigkeit ihrer wilden Vorfahren bewahrt.

Die Gene sind schuld

Jeder Hund ist ein Individuum, doch jeder gehört auch einer Rasse (oder einer Mischung) an, für die bestimmte Verhaltensweisen typisch sind – und damit auch bestimmte Formen der Ungezogenheit. Einige Beispiele:

Australischer Schäferhund. Diese zum Schafehüten gezüchteten Hunde haben eine ungeheure Energie. Das ist draußen auf den Weiden von Vorteil, doch zu Hause im Wohnzimmer versetzt sie diese Energie in einen Zustand ständiger Erregung. Wenn sie keine Möglichkeit finden, ihre Energie auf sinnvolle Weise loszuwerden, suchen sie sich eine. So rasen sie zum Beispiel zehn Minuten lang um die Couch herum oder treiben »versprengte«

Kinder oder Erwachsene zusammen. Und wenn dabei die eine oder andere Vase zu Bruch geht, können Sie zumindest sicher sein, dass es nicht mit Absicht geschehen ist.

Basset. Diese kleinen Jagdhunde sind gewöhnlich sehr brav, geben aber liebend gern Laut. Ihr Bellen ähnelt einem klagenden Heulen. Das tun sie nicht, um Aufmerksamkeit zu erregen; es ist vielmehr ein Rückfall in längst vergangene Zeiten, in denen sie ihrem Menschen Meldung machen mussten, sobald die Beute in die Enge getrieben war.

Corgi. Diese Hunde, über die in den Medien häufiger berichtet wird, weil sie die Lieblingstiere der englischen Königin Elisabeth II. sind, waren nicht immer königliche Schoßtiere. Sie wurden ursprünglich als Hütehunde gezüchtet, die Viehherden zusammenhalten sollten. Aus diesem Grund neigen sie noch heute dazu, ihre Besitzer in die Waden zu zwicken oder ihnen beim Gehen zwischen die Beine zu laufen.

Irischer Setter. Diese lebensfrohen Hunde haben ein überschäumendes Temperament, verbunden mit der Neigung zu impulsivem Verhalten. Das ist kein Wunder, wenn man ihre Vergangenheit betrachtet. Im Laufe von vielen Generationen wurden aus ihnen hervorragende Jagdhunde. Einer interessanten Witterung oder einer Bewegung im Unterholz können sie nicht widerstehen. Beim Jagdeinsatz gilt dies als Talent, doch beim Spaziergang wird es eher als lästig empfunden.

Jack-Russell-Terrier. Die winzigen, energiegeladenen Jack Russells können sich nicht auf ihre Größe verlassen, wenn sie ihr Ziel erreichen wollen. Sie besitzen aber eine ungeheure Ausdauer und bearbeiten ihre Besitzer so lange, bis diese entnervt nachgeben. So lecken sie ihnen z. B. so lange die Hand, bis sie gestreichelt werden, oder springen immer wieder an ihnen hoch, um ihre Aufmerksamkeit zu erregen.

Labrador. Diese Hunde lieben es zu graben, auch wenn niemand erklären kann, woher sie diese Leidenschaft haben. Sie vergraben nur selten etwas, verwandeln den Garten aber trotzdem in kürzester Zeit in eine Mondlandschaft.

Lhasa Apso. Diese treuen, intelligenten kleinen Hunde sind bekannt dafür, dass sie ein Höllenspektakel veranstalten, wenn sich jemand der Haustür nähert. Sie stammen aus Tibet, wo sie den Namen *abso seng kye* tragen, was »bellender Löwen-Wachhund« bedeutet – ein ziemlich hochtrabender Name für ein so kleines Hündchen.

Welche Missetaten Hunde begehen, hängt auch von der Rasse ab. Corgis sind Hütehunde und neigen zum Wadenbeißen. Golden Retriever wurden auf Apportieren gezüchtet und tragen deshalb gern etwas im Maul.

Etwas Ungezogenheit muss sein

Jeder Hund, vom ruhigen Springerspaniel bis zum quirligen Labrador, wird sich gelegentlich seiner Art gemäß verhalten. Und Hunde aller Rassen spielen nun einmal nach anderen Regeln als Menschen.

Nehmen wir z. B. den Jagdtrieb. Fast alle Hunde haben ihn und es ist ihnen egal, ob sie einem Tennisball nachlaufen oder der Toilettenpapierrolle, die sie sich selbst vom Halter geholt haben. Andere typische Verhaltensweisen sind das Kauen auf Gegenständen, die unermüdliche Suche nach etwas Fressbarem oder das Beinheben an allem, was sich bietet. Man kann Hunden beibringen, diese Dinge zu unterlassen, doch einfach ist es nicht. Diese Verhaltensweisen wurzeln zu tief in ihrem Wesen.

Das hast du mir beigebracht

Falls Sie sich jemals gefragt haben, wie klug Ihr Hund wirklich ist, probieren Sie einmal Folgendes: Lassen Sie beim Abendessen wie zufällig ein Stück von Ihrem Steak fallen. Ihr vierbeiniger Freund wird auf dieses Geschenk folgendermaßen reagieren: Zuerst wird er sich das Fleisch schnappen und verschlingen, dann wird er an dieselbe Stelle zurückkehren, für den Fall, dass noch ein Happen herunterfällt.

Hunde beobachten ihre Menschen sehr genau. Sie versuchen zu erahnen, was wir denken und fühlen und was wir als Nächstes tun werden. Selbst ein Hund, der bisher nie einen Gedanken an das Essen seines Besitzers verschwendet hat, wird anfangen zu betteln, wenn er es einmal gekostet und für gut befunden hat.

Manche Unarten wie etwa das Betteln entstehen sozusagen aus Versehen. Andere gewöhnt sich der Hund jedoch an, weil sein Besitzer ihn unbewusst für Dinge belohnt, die er eigentlich unterlassen sollte. Hier einige Beispiele:

Bellen. Selbst kleine Hunde können eine eindrucksvolle Stimme haben und das ständige Bellen geht nicht nur dem Hundehalter auf die Nerven, sondern auch den Nachbarn. Für Hunde ist Bellen etwas ganz Normales, doch Menschen macht es verrückt. Die meisten reagieren darauf, indem sie »Ruhe!« oder etwas Ähnliches brüllen, doch dieses Wort verstehen Hunde nicht. Sie verstehen nur, dass Herrchen mitbellt, und bellen vor Begeisterung umso lauter.

Weglaufen. Wie Sascha, der Sockenhund, bestätigen kann, gibt es nichts Schöneres, als ver-

Dieser Labradormischling liebt es, wenn man ihm nachläuft. Seine Besitzerin will nur ihre Wäsche zurückhaben, doch ein Hund versteht das als Spiel.

Hauptsache: Zeitvertreib

Im Alter von neun Monaten hatte Felix bereits eine nachahmenswerte Arbeitseinstellung. Eines Tages, als seine Familie unterwegs war, beschloss der Deutsche Schäferhund, sich die Zeit mit ein wenig Hausarbeit zu vertreiben.

Felix trug die Kopfkissen aus dem Schlafzimmer nach unten und verteilte sie überall im Wohnzimmer. Dann holte er eine kostbare Porzellantasse nach der anderen aus dem offenen Regal im Esszimmer und reihte sie ordentlich auf der Couch auf. Zu guter Letzt dekorierte er das Wohnzimmer noch mit diversen Kleidungsstücken seiner Besitzer und legte oben auf den Stapel ein einzelnes Taschenbuch.

Herrchen und Frauchen staunten nicht schlecht, als sie sein Tagewerk sahen. Obwohl sie sich das Lachen anfangs nicht verkneifen konnten, machten sie sich aber wegen dieses merkwürdigen Verhaltens ihres Hundes auch Sorgen. Im Gespräch mit einer erfahrenen Tierpsychologin erfuhren sie, dass Felix sich vermutlich langweilte und dazu noch überdurchschnittlich intelligent ist. Er braucht etwas, mit dem er sich sinnvoll die Zeit vertreiben kann, wenn seine Besitzer außer Haus sind. Am besten eignen sich dazu Spielsachen, die ihn zum Nachdenken zwingen. Sie beschäftigen ihn so sehr, dass er in Zukunft nicht mehr auf die Idee kommt, das Haus umzudekorieren.

folgt zu werden. Wenn ein Hund nicht kommt, wenn man ihn ruft, oder wenn er mit »Beute« davonrennt, läuft fast jeder Besitzer hinterher – und der Hund amüsiert sich prächtig.

Zerkauen von Gegenständen. Welpen lieben es, auf etwas herumzukauen, und ihre Besitzer finden es süß, wenn sie versuchen, einen alten Turnschuh Größe 45 zwischen ihre winzigen Kiefer zu klemmen. Ein Jahr später sieht das schon anders aus. Aus den Welpenzähnchen sind kräftige Zähne geworden, und die alten Turnschuhe sind teuren italienischen Schuhen gewichen. Plötzlich ist das Spiel mit dem Schuh gar nicht mehr süß, und die Hunde begreifen nicht, warum sie plötzlich angebrüllt werden.

Mit Köpfchen vorgehen

Wir lieben an unseren Hunden die Lebensfreude und das welpenhafte Verhalten, und ein wenig übermütige Spielerei nehmen wir dabei gern in Kauf. Es besteht natürlich ein Unterschied zwischen gelegentlichen Missetaten und echter Ungezogenheit. Hunde, die die Sachen ihrer Besitzer zerstören, können nicht mit allzu viel Liebe rechnen. Alle Hunde müssen lernen, was von ihnen erwartet wird und welche Regeln gelten. Im Gegenzug müssen Sie lernen, warum Ihr Hund bestimmte Verhaltensweisen an den Tag legt, denn nur dann können Sie ihn dazu bringen, sich besser zu benehmen. Aktivitäten, die für bestimmte Rassen typisch sind, wird man nie ganz unterbinden können, aber man kann sie einschränken. Interessantes Spielzeug, lange Spaziergänge, etwas Training und viel Lob können viele Untaten verhindern. Natürlich wird Ihr Hund immer noch gelegentlich seine verrückten fünf Minuten haben, aber er wird Sie dabei ansehen und auf Anweisungen warten – und das ist ein gewaltiger Fortschritt.

PROBLEM HUND

NAME KUDDEL
RASSE JACK-RUSSELL-TERRIER
ALTER 2 JAHRE

WORUM GEHT ES Lässt man Kuddel in den Garten, wird aus ihm ein Wühlteufel. Wenn er erst einmal in Fahrt ist, sieht man nur noch Erde fliegen. Merkwürdigerweise gräbt er am liebsten in der Nähe des Zauns. Manche Hunde graben am Zaun, um sich einen Tunnel in die Freiheit zu buddeln, doch das scheint bei Kuddel nicht der Fall zu sein. Er wählt eine Stelle aus, gräbt ein Loch unter dem Zaun und läuft dann darin hin und her, als wollte er seine Arbeit bewundern. Im Laufe der Zeit bekommt der Garten zunehmende Ähnlichkeit mit einem Truppenübungsplatz und Blumen und Rasen haben keine Überlebenschance.

WAS TUN Jack-Russell-Terrier sind wie Seeleute: Sie müssen wissen, was hinter dem Horizont liegt. Doch an Stelle eines Bootes benutzen sie dazu ihre starken Beine, die widerstandsfähigen Pfoten und ihre unerschöpfliche Energie. Kuddel möchte die Welt sehen, und deshalb gräbt er.

Es ist nicht leicht, ihm das abzugewöhnen. Seine Vorfahren haben es getan, also tut er es auch. Übergangsweise kann es helfen, die beliebtesten Stellen mit Sperrholzplatten oder Netzen abzudecken, doch das ist keine Dauerlösung, denn Kuddel steckt so voller Energie, dass er sich zweifellos eine neue Stelle suchen wird. Viel sinnvoller ist es, ihm eine andere Beschäftigung zu bieten, bei der er sich austoben kann, wie z. B. lange Spaziergänge. Eine Runde um den Block reicht dazu nicht aus. Jack Russells als aktive Hunde zu bezeichnen, ist schon fast eine Untertreibung, denn diese Rasse verfügt über eine unbändige Lauffreude.

Da Kuddel ganz offensichtlich etwas von der Welt sehen will, könnten seine Besitzer ein Loch in ihren Zaun sägen und es mit Maschendraht verschließen. Noch besser wäre es, das Loch relativ hoch zu platzieren und darunter eine kleine Plattform anzubringen. Es muss kein ausgeklügelter Hochsitz sein – ein paar Kanthölzer und ein Sperrholzbrett erfüllen ihren Zweck vollkommen.

Von diesem Aussichtspunkt kann Kuddel besser am Leben jenseits des Zauns teilnehmen, als er es mit seiner Buddelei jemals könnte.

KAPITEL DREI

DISZIPLIN MUSS SEIN

Hunde brauchen jemanden, der das Kommando übernimmt. Früher war dies die Aufgabe des Leithundes, doch heute sind Sie es, der dem Hund sagen muss, was er tun soll.

Niemand ist gern der Bösewicht. Sie fühlen sich schuldig, wenn Sie den Hund an einem kalten Winterabend aus Ihrem Bett werfen oder ihn an der Leine nach links ziehen, obwohl er doch nach rechts möchte? Ihm Gehorsam beizubringen und immer mit ihm zu schimpfen ist anstrengend und außerdem verderben Sie ihm mit Ihrem Genörgel den ganzen Spaß? Sie bringen es nicht übers Herz, dem besten Freund des Menschen etwas abzuschlagen?

Mancher fühlt sich einfach nicht wohl in der Rolle des strengen Ausbilders. Der Hund sitzt auf der Couch? Dann wird sie eben abgesaugt. Er durchwühlt den Mülleimer? Dann kommt eben ein Deckel drauf oder er wird im Schrank versteckt. Er springt die Gäste an? Dann warnt man sie eben rechtzeitig – und hofft das Beste.

Das Beste tritt natürlich nie ein. Wenn man Hunden nicht beibringt, was erlaubt ist und was nicht, legen sie ihre eigenen Regeln fest, und die stimmen fast nie mit denen der Menschen überein. Dazu kommt, dass niemand einen undisziplinierten Hund mag. Wenn er ständig an der Leine zieht, will bald niemand mehr mit ihm spazieren gehen. Hunde, die jeden anspringen, kommen selten in den Genuss eines Ausflugs in den Park. Und Hunde, die ewig bellen, sind bald in der ganzen Nachbarschaft verhasst.

Hunden Disziplin beizubringen, macht keinen Spaß, ist aber nötig. Gut erzogene Hunde haben Vorteile, auf die ihre flegelhaften Artgenossen verzichten müssen. Diese Mischlingshunde wissen genau, wann gespielt wird und wann sie Ruhe halten müssen. Die Belohnung dafür ist, dass sie mehr Zeit im Haus verbringen dürfen.

Sicherheit im Rudel

Auch wenn es uns schwer fällt, dem Hund etwas zu verbieten, sehnt er sich doch nach Disziplin. Seit 40 Millionen Jahren leben, spielen, jagen und altern Hunde im Rudel, einem durchorganisierten Verband, der von einem Leittier angeführt wird. Diese Leithunde greifen bei Verstößen gegen die Rangordnung hart durch, doch sie haben dabei immer das Wohlergehen des gesamten Rudels im Blick, was jeder Hund versteht und akzeptiert.

Gute Disziplinierung ist immer freundlich. Hunde schließen sich ihrem Besitzer eng an und bemühen sich, ihm alles recht zu machen. In den meisten Fällen sind Strafen unnötig – eine Ermahnung reicht aus.

Es gibt Hunde, die noch nie einen Wald gesehen, geschweige denn in freier Wildbahn gelebt haben, dennoch streben sie noch heute danach, sich einem Anführer unterzuordnen. Wenn keine Rudelgenossen da sind, erwarten sie, dass wir diese Rolle übernehmen. Nicht, weil wir größer oder klüger sind, sondern weil wir diejenigen sind, die ihr Leben kontrollieren. Wir haben die Kontrolle über den Futtervorrat, entscheiden, wann es hinausgeht, fordern zum Spiel auf oder verlangen Ruhe und Frieden. In den Augen der Hunde sind wir eindeutig die Leithunde, ob wir nun wollen oder nicht.

Ein Leittier zu sein bedeutet mehr, als nur Befehle zu geben und zu strafen. Wichtiger ist es, deutlich zu machen, was erlaubt ist und was nicht. Die menschliche Gesellschaft ist für einen Hund fast undurchschaubar. Aus diesem Grund beobachten Hunde ihre Besitzer ständig. Wenn z. B. jemand an die Tür kommt, kann der Hund nicht wissen, ob es ein Einbrecher ist oder ein Besucher. Soll er bellen oder lieber mit dem Schwanz wedeln? Er kann es nicht wissen, wenn sein Besitzer es ihm nicht sagt. Hunde brauchen die Kommunikation mit dem Menschen ebenso wie feste Regeln. Man tut einem Hund keinen Gefallen, wenn man ihm alles durchgehen lässt.

Noch vor einiger Zeit wurden Hunde ausnehmend streng diszipliniert. Hundetrainer waren übereinstimmend der Ansicht, dass den Hund verdirbt, wer die Zuchtrute schont. Diese »Erziehung« sollte dem Hund seine Stellung innerhalb der menschlichen Gemeinschaft zeigen, und dazu war fast jedes Mittel recht. Die so behandelten Hunde waren zwar diszipliniert, doch sie hatten auch Angst vor Strafe und zum Teil sogar vor ihrem Besitzer.

Hunde empfinden Disziplin nicht als grausam oder unnatürlich. Wenn sie unter sich sind, disziplinieren die älteren Hunde die jüngeren. Im Umgang mit Menschen erwarten sie dasselbe, wobei der Mensch die Rolle des älteren Hundes übernimmt.

Schulung mit Gefühl

Die meisten Methoden der Hundeerziehung haben ihren Ursprung beim Militär. Dort wurden die Hunde ähnlich behandelt wie Rekruten, die durch Drill und Androhung von Disziplinarstrafen dazu gebracht wurden, sich unterzuordnen. Weder sie noch die Hunde wurden für gutes Benehmen gelobt, sondern nur für ihre Fehler bestraft.

Diese veraltete Trainingsmethode basiert auf körperlicher Züchtigung, denn die Trainer waren der Meinung, dass der Mensch sich wie das Leittier verhalten muss, um seinen Willen durchzusetzen. Ein Beispiel dafür ist das Auf-den-Rücken-Legen des Hundes. Oft bekommt man den Ratschlag, seinen ungehorsamen Hund auf den Rücken zu werfen und ihn in

HILFERUF

Für uns ist es selbstverständlich, dass jeder Mensch eine eigene Persönlichkeit besitzt. Niemand erwartet, dass sich der alte Mann aus dem Eckhaus genauso benimmt wie der Teenager von nebenan, und selbst Geschwister sind oft so verschieden, dass man kaum glaubt, dass sie dieselben Eltern haben.

Bei Hunden ist es genauso. Auch sie sind nicht alle aus demselben Holz geschnitzt, sondern jeder hat seine eigene, einzigartige Persönlichkeit. Das ist auch der Grund, warum die Erziehungsmethoden, die bei einem Hund Wunder wirken, bei einem anderen wirkungslos sind. Es kommt nicht selten vor, dass Hundehalter versuchen, ihrem Hund etwas beizubringen, um dann schließlich aufzugeben und ihren Hund für unerziehbar zu halten. Das geht so weit, dass sie unhaltbare Verhältnisse in Kauf nehmen und mit Ausreden wie »Er verteidigt nun einmal sein Fressen« oder »Er mag halt keine Kinder« bagatellisieren.

Es spricht nichts dagegen, gewisse Zugeständnisse zu machen, aber manches Fehlverhalten, wie z. B. alle Arten von Aggression, darf nicht ignoriert werden und kann häufig auch nicht vom Besitzer korrigiert werden. Wenn Sie merken, dass Sie das Problem nicht in den Griff bekommen, holen Sie sich Hilfe bei einem Hundeausbilder. Von selbst wird sich die Verhaltensstörung nicht bessern – sie wird wahrscheinlich sogar eher noch schlimmer werden.

dieser Position festzuhalten. Diese Haltung ist nicht nur unbequem für den Hund, sie ist ihm auch unangenehm, weil sie ihn in eine Unterwerfungshaltung zwingt.

Würgehalsbänder sind ein anderes Mittel zum Strafen. Sie ziehen sich zu, wenn der Mensch an der Leine zieht. Dadurch wird Druck auf den Hals des Hundes ausgeübt und er merkt sofort, wenn er etwas falsch macht. Bei vernünftigem Gebrauch ist gegen Würgehalsbänder nichts einzuwenden, und viele Ausbilder empfehlen sie noch heute. Leider weisen sie ihre Kunden vielfach an, das Halsband extrem zuzuziehen – so eng, dass das Tier keine Luft mehr bekommt –, sobald der Hund bellt, Leute anspringt, an der Leine zieht oder sonst etwas tut, das eine sofortige Bestrafung erfordert.

Die meisten modernen Hundeausbilder verachten die Methoden ihrer Vorgänger – nicht nur, weil sie brutal waren, sondern auch, weil die Theorien, auf denen sie basierten, zum größten Teil falsch waren. Es stimmt zwar, dass Hunde in der Wildnis zu ihren Leithunden aufsahen und dass diese Anführer strenge Disziplin verlangten, doch sie waren nicht die beißwütigen Überhunde, für die man sie früher hielt. Im Gegenteil: Ranghohe Rudelmitglieder teilen oft ihr Futter mit ihren Untergebenen oder machen ihnen Geschenke. Sie herrschen durch mentale Dominanz und nicht nur durch körperliche Kraft.

Noch wichtiger war, dass moderne Fachleute zu einem Schluss gekommen sind, der eigentlich auf der Hand liegt: Hunde sind intelligente, sensible Tiere, die körperliche Strafen nicht verdient haben – zumal sie auf Lob und Freundlichkeit viel besser reagieren.

Einen Hund zu erziehen ist nicht schwer, weil Hunde bestrebt sind, es ihrem Besitzer recht zu machen. Sie müssen nur lernen, was von ihnen erwartet wird.

Sanfte Disziplin

Jeder Hundebesitzer weiß, wie gern sein Hund ihm alles recht machen würde. Hunde lieben Futter und sie gehen auch gern spazieren, doch am meisten sehnen sie sich nach der Anerkennung ihres Besitzers. Wenn sie erst einmal verstanden haben, was er von ihnen will, geben sie sich alle Mühe, es ihm zu geben. Ob Sie nun an der Grundausbildung arbeiten oder Fehler korrigieren – das beste Ergebnis erreichen Sie, wenn es Ihnen gelingt, Ihrem Hund begreiflich zu machen, was Sie von ihm erwarten. Es ist unnötig, ihn für seine Fehler zu bestrafen.

Lehren, was richtig ist. Auch wenn Hunde nun schon seit Jahrtausenden mit Menschen zusammenleben, unterscheiden sich ihre Bedürfnisse noch immer grundlegend von unseren. Ihr Instinkt treibt sie dazu, das für sie Richtige zu tun, und sie finden das ganz selbstverständlich.

Wenn sie aber verstanden haben, dass ihr Besitzer etwas anderes erwartet, sind sie gern bereit, seinen Wunsch zu erfüllen.

Stellen Sie sich z. B. vor, dass Sie mit Ihrem Hund das Gehen an der Leine üben. Statt ihn jedes Mal zurückzureißen, wenn er an der Leine zieht, machen Sie ihm klar, dass er bei Ihnen bleiben soll. Bleiben Sie alle zehn Meter stehen und sagen Sie »Sitz!«. Gehen Sie nicht weiter, solange der Hund nicht sitzt. Wenn er gehorcht, loben Sie ihn und belohnen Sie ihn eventuell mit einem Leckerbissen. Irgendwann wird Ihr Hund sich hinsetzen, sobald Sie stehen bleiben, denn er hat gelernt, dass Sie der Boss sind.

Fehler ignorieren. Hunde sind keine Engel. Sie tun häufig etwas, das sie nicht sollen, entweder weil sie es nicht besser wissen oder weil sie der Versuchung nicht widerstehen können. In beiden Fällen ist eine Strafe nicht angebracht. Viel sinnvoller ist es, das Fehlverhalten zu ignorieren und den Hund augenblicklich dazu anzuhalten, das Richtige zu tun.

Stellen Sie sich z. B. vor, dass Ihr Hund jeden anspringt, der zur Tür hereinkommt. Statt ihn jedes Mal am Halsband zurückzureißen, planen Sie im Voraus. Lassen Sie ihn sitzen, bevor Sie die Tür öffnen. Warten Sie ein paar Sekunden, um sicherzugehen, dass er sitzen bleibt, dann loben Sie ihn überschwänglich und geben Sie ihm einen Leckerbissen. Hunde sind nicht dumm. Sie lernen schnell, dass ein bestimmtes Verhalten – in diesem Fall das Sitzenbleiben, wenn jemand vor der Tür steht – von Ihnen belohnt wird, und sie werden sich bemühen, sich diese Belohnung auch in Zukunft zu verdienen.

Freundlichkeit und Konsequenz. Vergessen Sie die Vorstellung, dass Sie Ihren Hund jederzeit dominieren müssen. Wenn Sie nicht vorhaben, mit ihm auf Turniere oder Ausstellungen zu gehen, gibt es keinen Grund, ihm absoluten Gehorsam abzuverlangen. Hunde reagieren auch auf Freundlichkeit und Geduld. Sie geben sich alle Mühe, Ihnen alles recht zu machen – vorausgesetzt, Sie sind konsequent!

Patentrezept Jeder Hund hat einen Gegenstand, einen Leckerbissen oder auch nur ein Wort, das er mehr liebt als alles andere. Die meisten Hunde bevorzugen Leckerbissen. Manche lieben Tennisbälle. Bei

Im Freien fällt es jedem Hund schwer, sich zu konzentrieren. Futter ist ein ideales Mittel, um seine Aufmerksamkeit zu erregen. Dieser Samojede hat gelernt, sich auf seine Besitzerin zu konzentrieren, weil sie ihn stets mit Futter belohnt, wenn er etwas richtig macht.

anderen ist es der Kauknochen oder das Wurfholz. Machen Sie eine Liste der Dinge, die Ihr Hund gern hat. Wenn Sie ihm dann etwas Neues beibringen oder ihn belohnen wollen, können Sie eines dieser Dinge verwenden. Der Vorteil einer solchen Liste ist, dass Sie die Belohnungen variieren können, so dass jede etwas Besonderes ist, für das zu arbeiten sich lohnt.

Sie können sogar die bloße Vorstellung von einer Belohnung einsetzen. Jeder Hund hat ein Lieblingswort wie »Ball« oder »Keks«. Wenn Sie wollen, dass Ihr Hund aufhört, etwas zu tun, sagen Sie sein Lieblingswort. Er wird seine Aufmerksamkeit sofort auf Sie richten, weil er weiß, dass nun etwas Gutes kommt. Das ist der Augenblick, in dem Sie ihm seine Belohnung geben.

Hunde lernen besonders schnell, wenn sie mit einer Belohnung rechnen. Für diesen Colliemischling ist das ein Ballspiel.

Benno, der Blindenhund

Beagles wurden für die Jagd gezüchtet, aber sie sind auch angenehme und überaus treue Hausgenossen. Doch selbst unter seinesgleichen ist Benno etwas ganz Besonderes. Der sechsjährige Beagle übernahm nämlich aus freien Stücken die Rolle des Führers und Beschützers seiner vierbeinigen Gefährtin, einer blinden Pudeldame.

Bennos Besitzerin, eine erfahrene Hundehalterin, staunte nicht schlecht, als Benno anfing, sich um ihre alte Zwergpudelhündin Tina zu kümmern, die als Folge einer Netzhautablösung erblindet war. Eines Tages fiel ihr auf, dass Benno mehrmals am Tag durchs Haus streifte, um nach Tina zu sehen. Irgendwann begann er sogar, sie mit der Schnauze zu stoßen, um ihr den Weg zu zeigen und zu verhindern, dass sie irgendwo anstößt.

Beagles sind kleine und relativ leichte Hunde, doch was ihnen an Masse fehlt, machen sie durch Mut wett. Benno zögerte niemals, wenn es galt, Tina vor den größeren Hunden in der Nachbarschaft zu beschützen. Beim Spazierengehen wechselte er sogar schnell die Seite und stellte sich zwischen Tina und den fremden Hund, und dort blieb er, bis die Luft wieder rein war.

Tina ist mittlerweile gestorben, doch in ihren letzten Lebensjahren war der treue Benno immer für sie da, ohne dass ihn irgendjemand je dazu angehalten hätte. Tina war ihm für seine Hilfe dankbar – und das war Belohnung genug für Benno.

PROBLEM HUND

Name CONNY

Rasse AUSTRALISCHER SCHÄFERHUND

Alter 4 JAHRE

Worum geht es Conny ist eine Frühaufsteherin. Etwa zehn Minuten bevor in ihrer Familie der erste Wecker klingelt – und eine ganze Stunde bevor das letzte Familienmitglied aufstehen muss –, arbeitet sich Conny von einem Zimmer zum nächsten vor. Sie ist wach und will, dass auch alle anderen aufwachen. Dazu bedient sie sich nicht gerade subtiler Methoden. Sie springt hoch, stellt ihre Vorderpfoten aufs Bett und bellt. Und leckt. Und stupst. Und wenn das alles nicht funktioniert, wirkt ihre kalte Nase meistens Wunder. Doch da es in Connys Haushalt nur Langschläfer gibt, ist die Familie verständlicherweise nicht begeistert von diesem vierbeinigen Weckdienst. Zumal für viel Geld eine Hundetür angeschafft wurde, so dass Conny auch allein hinausgehen kann. Doch morgens benutzt Conny ihre Tür nicht, weil sie nicht hinausmuss. Sie will einfach nur, dass alle aufstehen – und um das zu erreichen, zieht sie alle Register.

Was tun Hunde haben eine innere Uhr, die genauso präzise geht wie ein technisches Chronometer. Leider geht Connys innere Uhr etwas vor, doch dafür gibt es einen Grund: Sie wurde zum Treiben von Schafen gezüchtet – und Hütehunde liegen nun einmal nicht bis mittags in den Federn. Australische Schäferhunde sind intelligente und arbeitswütige Hunde. Wenn sie nichts zu tun haben, suchen sie sich selbst eine Aufgabe.

Conny weiß, dass ihre Menschen morgens aufstehen müssen, und hat beschlossen, ihnen dabei zu helfen. In gewisser Hinsicht hat die Familie Glück, dass die innere Uhr ihres Hundes fast dieselbe Zeit anzeigt wie der Wecker – es hätte auch viel früher sein können. Conny dazu zu bringen, dass sie damit aufhört, ist unmöglich – sie kann einfach nicht länger schlafen. Die einzige Lösung ist, sie davon zu überzeugen, dass ihre Arbeit getan ist, bevor sie alle anderen aufweckt.

Das erste Familienmitglied, das aufsteht, kann Conny bei sich behalten und sie mit einem Kauknochen oder einem Spielzeug ablenken oder sie mit ins Badezimmer nehmen. Wenn dann die anderen aufstehen müssen, kann die Frühaufsteherin freigelassen werden, damit sie ihre Arbeit tun kann.

ZWEITER TEIL

DER ZIVILISIERTE HUND

Als die Hunde einst dazu übergingen, sich den Menschen anzuschließen, wurden sie dafür mit einem gemütlichen Heim, mit Futter und Zuwendung belohnt. Der Nachteil ist, dass wir von den Hunden erwarten, dass sie nach unseren Regeln leben – Regeln, die für Hunde verwirrend und vollkommen unhündisch sind. Hunde werden es sich nie abgewöhnen, ihr Futter zu verschlingen oder Fremde zu beschnuppern, doch sie können lernen, sich zu Hause halbwegs anständig zu benehmen.

KAPITEL VIER

Goldene Regeln

Wenn ein Hund etwas falsch macht, liegt das oft daran, dass er nicht weiß, was richtig ist. Menschen gewöhnen sich leicht an Veränderungen, Hunde nicht. Sie brauchen Beständigkeit, um sich von ihrer besten Seite zeigen zu können.

Von dem amerikanischen Journalisten William Thomas stammen die folgenden »goldenen« Regeln für die Hundehaltung:

- Der Hund darf nicht ins Haus.
- Also gut, der Hund darf ins Haus, aber nur in bestimmte Räume.
- Der Hund darf in alle Zimmer, aber nicht auf die Möbel.
- Also gut, der Hund darf auf den alten Sessel.
- Meinetwegen, der Hund darf auf alle Möbel, aber er wird nicht im Bett schlafen.
- Na gut, der Hund darf ins Bett, aber nur, wenn ich ihn dazu einlade.
- Der Hund darf auf dem Bett schlafen, wann immer er will, aber nicht unter der Decke.
- Der Hund darf unter die Decke, wenn ich ihn dazu einlade.
- Der Hund darf jede Nacht unter der Decke schlafen.
- Der Mensch muss um Erlaubnis fragen, wenn er mit unter die Decke will.

Via Internet verbreitete sich diese humoristische Hausordnung schon bald über die ganze Welt, erschien auf Dutzenden von Webseiten und gelangte per E-Mail zu unzähligen Hundehaltern.

Auf die Idee dazu hatte William Thomas sein Hund Jake gebracht. Der Journalist, der jahrelang nur Katzen gehalten hatte, musste nach der Anschaffung seines Hundes erst wieder lernen, dass das Aufstellen von Regeln Geduld, Konsequenz und vor allem Ausdauer erfordert.

Wozu Regeln?

So lustig es sein mag, über Hunde zu philosophieren, die ihre Besitzer erziehen – die Realität sieht leider etwas ernster aus. Viele Hunde sind

Jeder halbwegs kluge Hund sucht sich ein bequemes Plätzchen. Diesem Foxterrier wurde ein Mal erlaubt, auf den Sessel zu springen, und damit ist der Sessel jetzt sein Eigentum.

wahre Landplagen, obwohl es so leicht wäre, großartige Gefährten aus ihnen zu machen. Menschen legen großen Wert auf ihre Freiheit und gehen automatisch davon aus, dass auch Hunde viel Freiheit brauchen. Doch das stimmt nicht. Hunde können mit allzu viel Freiheit nichts anfangen – sie sehnen sich vielmehr nach Disziplin. Als Rudeltiere brauchen sie feste Regeln, an denen sie sich orientieren können.

Wenn Sie diese Regeln aufstellen und ihre Einhaltung verlangen, übernehmen Sie damit eine wichtige Rolle – die des Leittiers. Tun Sie das aber nicht, wird Ihr Hund das Gefühl bekommen, dass ihm nichts anderes übrig bleibt, als selbst die Rolle des Leithundes zu übernehmen und eigene Regeln aufzustellen. Das ist dann der Zeitpunkt, von dem an Sie nicht mehr mit Ihrem Hund zurechtkommen werden.

Die meisten Menschen betrachten ihren Hund als gleichwertiges Mitglied der Familie. Hunde dagegen sehen Menschen (oder andere Hunde) nie als gleichrangig an, denn in einem Rudel gibt es immer Rangunterschiede. Wenn Sie also nicht an der Spitze der Rangordnung stehen, wird Ihr Hund davon ausgehen, dass Sie rangniedriger sind als er – und das wird an seinem Verhalten unschwer zu erkennen sein.

Wenn Sie andererseits feste Regeln aufstellen und auf deren Einhaltung bestehen, wird sich auch das im Verhalten Ihres Hundes widerspiegeln. Hunde sind nur zufrieden, wenn sie sich jemandem unterordnen können.

Labradore kauen gern auf Stöcken herum, was auch für diesen Labradormischling gilt. Sein Herrchen lobt ihn dafür, also weiß er, dass es erlaubt ist. Hunde lieben klare Verhältnisse.

Die »Zehn Gebote«

Welche Regeln sind wichtig? Um diese Frage zu beantworten, sollten Sie sich klarmachen, dass eine Regel, die für den einen Hund wichtig ist, für einen anderen ohne Bedeutung sein kann. Auch die Einstellung des jeweiligen Besitzers spielt eine Rolle. Den einen Hundehalter interessiert es nicht, wenn sein Hund auf der Wohnzimmercouch schläft, ein anderer betrachtet das vielleicht als Kapitalverbrechen. Es gibt jedoch einige Regeln, die jeder Hund befolgen sollte, gewissermaßen die »Zehn Gebote« für Hunde. Alles, was darüber hinausgeht, hängt von der jeweiligen Situation und den speziellen Wünschen des Einzelnen ab.

Dieser Border-Collie-Welpe lernt gerade, dass er arbeiten muss, bevor er spielen darf. Er sitzt gehorsam, weil er weiß, dass es gleich losgeht.

Kommen sollst du, wenn man dich ruft. Es ist nicht schlimm, wenn Ihr Hund sich nicht auf Kommando auf den Rücken rollt, aber »Komm her!« ist ein Kommando, das er unbedingt beherrschen muss. Hunde, die auf die Straße zulaufen – oder auf nichts ahnende Spaziergänger –, können böse Probleme bekommen. Jeder Hundehalter ist verpflichtet, seinen Hund jederzeit unter Kontrolle zu haben.

Du sollst deine Großmutter ehren. Verhaltensforscher sprechen häufig von einer Regel, die sie »Oma-Regel« nennen. Sie bedeutet im Grunde nur, dass Ihr Hund nichts umsonst bekommt – Belohnungen gibt es nur, wenn er sie sich verdient hat. Das ist eine Grundlage der Hundeerziehung.

Diese Regel einzuhalten ist besonders wichtig, denn sie lehrt Ihren Hund, dass Sie derjenige sind, auf den man hören muss. Hunde reagieren so gut auf diese Regel, weil sie auch im Rudel funktioniert, wo alles Gute immer vom Anführer kommt. Und was zwischen Hunden funktioniert, klappt auch zwischen Hund und Besitzer. Wenn Sie Ihrem Hund z. B. sein Futter geben, lassen Sie ihn zuerst sitzen und warten, bis Sie ihm sagen, dass er fressen darf. Wenn Sie mit ihm spielen oder hinausgehen wollen, lassen Sie ihn zuerst ein kleines Kunststück vorführen oder irgendein Kommando befolgen.

Du sollst nicht anknurren deinen Boss. Manchmal fällt es schwer, nicht zu lachen, wenn der Hund knurrt, weil jemand zu dicht an seinem Napf vorbeigeht oder versucht, ihm einen Schuh aus dem Maul zu nehmen. Doch dieses Verhalten ist nicht zum Lachen, denn es wird unweigerlich zu Problemen führen. Ein Hund würde es nie wagen, seinen Rudelführer anzuknurren. Hunde knurren Menschen nur an, wenn sie ihre Führungsqualitäten in Frage stellen. Der Leithund (oder der Leitmensch) muss stets größer sein als der untergebene Hund. Dann wird sich der Hund automatisch ducken, und wenn der Anführer wirklich böse ist, legt sich der Gemaßregelte sogar auf den Rücken und bietet den verletzlichen Bauch dar.

Eine Methode, der Boss zu bleiben, ist es, sich dem Hund nur hoch aufgerichtet zu nähern. Achten Sie auch beim Spielen darauf, dass Sie Ihren Hund stets überragen. Hunde res-

Mit dieser Unterwerfungsgeste zeigt der Shiba-Inu an, dass er seinen Herrn als Leittier anerkennt.

pektieren Größe und begreifen sofort, dass Ihre imposante Statur die des Anführers ist.

Folge deinem Anführer. Wie oft haben Sie schon die Tür geöffnet und sind dann von Ihrem hinauslaufenden Hund zur Seite gerempelt worden? Und wie viele Leute rammen verzweifelt ein Bein in den Türspalt, wenn sie Besuchern die Tür öffnen? Hunden, die an ihrem Besitzer vorbeirennen, fehlt es an Respekt. Der Grund dafür lässt sich wieder vom Verhalten im Rudel ableiten. Der Leithund ist immer der Erste, der den Bau verlässt, erst dann folgen die rangniedrigeren Tiere. Was im Rudel funktioniert, funktioniert auch beim Zusammenleben mit den Menschen. Ihre Aufgabe ist es, voranzugehen, und die ihrer Hunde, ihnen zu folgen.

Die Regeln durchsetzen

Hunde sind in gewisser Weise wie Kinder. Sie stellen alles in Frage und versuchen, die gesteckten Grenzen zu erweitern, vor allem in den ersten zwei Lebensjahren. Dieser Zeitraum ist mit der Kindheit zu vergleichen – und Kinder brauchen feste Regeln.

Bevor Sie die Regeln festlegen, müssen Sie sich überlegen, welche davon Ihnen am wichtigsten sind. Es hat wenig Sinn, Regeln aufzustellen, die über kurz oder lang doch wieder außer Kraft gesetzt werden. Wenn Sie sich für bestimmte Regeln entschieden haben, müssen Sie sie auch durchsetzen, denn andernfalls lernt Ihr Hund, dass es in Ordnung ist, wenn er nicht gehorcht.

Natürlich ist eine Familie nicht mit einer militärischen Einheit zu vergleichen. Sie sind nicht der Feldwebel und Ihr Hund ist kein Rekrut. Stellen Sie keine Unzahl von Regeln auf, deren Durchsetzung zeitaufwändig und schwierig ist. Wahrscheinlich brauchen Sie nur zwei oder drei. Im Grunde ist die Anzahl unwichtig, wichtig ist nur Ihre Konsequenz bei der Durchsetzung.

Schreiben Sie Regeln auf. Leute stellen dauernd irgendwelche Regeln auf – und ändern sie genauso schnell wieder. Das ist kein Prob-

RASSENSPEZIFISCHES

Alle Hunde brauchen feste Regeln, doch manche Rassen mehr als andere. Border Collies und Australische Schäferhunde (links) wurden gezüchtet, um eng mit dem Menschen zusammenzuarbeiten. Deshalb warten sie ständig auf Anweisungen. Man muss ihnen genau sagen, was sie dürfen und was nicht. Wenn sie keine klaren Anweisungen erhalten, können sie das Gefühl bekommen, versagt zu haben.

lem, wenn man es mit erwachsenen Menschen zu tun hat, aber ein Hund kann einen solchen Sinneswandel nicht verstehen. Stellen Sie eine Liste der Dinge auf, die Ihr Hund lernen soll. Damit Sie nichts vergessen – und um andere Familienmitglieder zu erinnern –, sollten Sie die Liste irgendwo aufhängen, wo sie jeder sieht. Sie müssen von vornherein festlegen, was Ihr Hund darf und was nicht, vor allem, wenn Sie nicht die einzige Person sind, die mit ihm umgeht.

Auch die Kinder dürfen füttern. Oft gehorchen Hunde nur einem Mitglied der Familie und ignorieren alle anderen. Um dieses Problem zu lösen, lassen Sie Ihre Familienmitglieder den Hund füttern, während Sie daneben stehen. Lassen Sie den Hund sitzen oder ein anderes Kommando ausführen, bevor er sein Futter bekommt. Wenn er dann begriffen hat, dass alle Mitglieder der Familie über sein Futter verfügen können, wird er begreifen, dass man auch ihnen gehorchen muss.

Ein fester Ruheplatz. Sie können nicht rund um die Uhr auf Ihren Hund aufpassen. Vor allem Welpen neigen jedoch dazu, Unsinn

HUNDEGESCHICHTEN

Der Hund, der die Maschinen besiegte

Peaches, eine fast ganz weiße Beaglehündin, verdient sich ihren Lebensunterhalt mit dem Erschnuppern von Holzschädlingen im US-Bundesstaat Pennsylvania. Ihr guter Ruf als unfehlbare Termitenjägerin war schließlich Anlass zu einer ungewöhnlichen Wette: Die Hundedame sollte gegen menschliche Inspektoren und elektronische Aufspürgeräte antreten. Stattfinden sollte das Ganze in einer alten, aus Holz gebauten Kirche, bei der bereits Schädlingsbefall nachgewiesen war.

Auch wenn man eine Hundenase nicht als neue Erfindung patentieren lassen kann, ist sie doch ein Wunderwerk, das mit menschlichen Maßstäben kaum zu begreifen ist. Die Gesamtoberfläche der zum Riechen dienenden Schleimhäute in der Nase eines Beagles ist etwa dreißigmal so groß wie die in der Nase eines Menschen. Mike del Gaudio, der Besitzer von Peaches und ehemaliger Inhaber einer Firma für Schädlingsbekämpfung, hatte rund zwei Jahre mit seiner Hündin trainiert, bevor es zu dieser Herausforderung kam. Er wusste zwar, dass Peaches gut war, doch sie vor den Augen seiner ehemaligen Kollegen auf die Probe zu stellen, beunruhigte ihn ein wenig.

Er hätte sich aber keine Sorgen zu machen brauchen. Auf das Kommando »Such Termiten!« begann Peaches zu zittern. Sie legte den Kopf zur Seite und ihre braunen Augen funkelten. Während die Inspektoren mit ihren elektronischen Geräten methodisch das Gebäude durchkämmten, fand Peaches Termiten. Sie entdeckte sogar einen Befall in Gebäudeteilen, die man bisher für einwandfrei gehalten hatte. Als diese später genauer untersucht wurden, wurde sogar starker Termitenbefall festgestellt.

Peaches fand alle bekanntermaßen befallenen Stellen und zusätzlich noch zwölf weitere, von denen bisher niemand etwas gewusst hatte. Kurz und gut: Sie gewann die Wette mit Glanz und Gloria.

Ihr Besitzer genoss einen Moment lang das anerkennende Schulterklopfen, doch dann verabschiedete er sich, um in aller Stille mit seiner Hündin zu feiern. Er ging mit Peaches zum Mittagessen und verwöhnte sie – mit Hotdogs.

Jeder Hund muss begreifen, dass alle menschlichen Mitglieder der Familie ranghöher sind als er, auch die Kinder.

zu machen, wenn man sie sich selbst überlässt. Die meisten Leute verabscheuen den Gedanken, ihren Hund zeitweise in einen Transportbehälter einzusperren, doch das ist eine ideale Lösung, um ihn vom Unsinnmachen abzuhalten und ihm gleichzeitig einen Platz zu geben, an dem er sich sicher und geborgen fühlt. Der Transportbehälter ist mit dem Bau zu vergleichen, den wilde Hunde sich zum Schlafen graben. Für einen Hund ist er deshalb kein Gefängnis, sondern ein gemütlicher Ruheplatz.

Patentrezept Viele Leute unterschätzen die Laufbereitschaft ihrer Hunde. Ob Sie nun eine behäbige Dogge besitzen oder einen quirligen Border Collie, Bewegung ist die einzige Methode, überschüssige Energie loszuwerden. Hunde, die nicht genug Bewegung haben, langweilen sich – und werden unruhig und widerspenstig. Alle Hunde brauchen zweimal am Tag mindestens zwanzig Minuten Auslauf – manche Rassen, wie Terrier und Hütehunde, unter Umständen mehrere Stunden. Hundehalter, die mit Verhaltensstörungen bei ihren Hunden zu kämpfen haben, sind oft erstaunt, wie umgänglich die Vierbeiner werden, sobald sie mehr Auslauf bekommen. Waldspaziergänge oder Ballspiele sorgen für geistige und körperliche Beschäftigung und machen müde. Und ein müder Hund ist ein braver Hund.

Kelpies sind Arbeitstiere, die viel Auslauf brauchen, um sich wohl zu fühlen – und sich gut zu benehmen.

KAPITEL FÜNF

Konsequenz ist gefragt

Hunde möchten ihrem Besitzer alles recht machen, doch sie begreifen nicht, warum sie für etwas, das an einem Tag erlaubt war, am nächsten Tag Ärger bekommen. Um zu wissen, was sie dürfen und was nicht, brauchen sie eindeutige Anweisungen, die konsequent durchgesetzt werden.

Wir haben es gern, wenn sich in unsrem Leben möglichst wenig ändert. Wir erwarten, dass jedes Glas Erdbeermarmelade schmeckt wie das vorige, dass die Gehaltsüberweisung pünktlich kommt und dass der Supermarkt alle jene Waren vorrätig hat, die wir gewohnt sind einzukaufen.

Im Umgang mit dem Hund verlässt viele Menschen dieser Wunsch nach Beständigkeit. Sie beschweren sich, dass der Hund am Tisch bettelt, stecken ihm aber doch gelegentlich etwas zu, wenn sie gute Laune haben. Oder sie erlauben ihm, sie anzuspringen, wenn sie alte Sachen anhaben, werden aber böse, wenn der Hund gegen den neuen Anzug springt.

Was in diesen Hunden vorgeht, kann sich jeder vorstellen. Sie sind vollkommen verunsichert und wissen nicht mehr, was erlaubt ist und was nicht.

Ein Hund bleibt ein Hund

Hunde sind kluge Tiere, die vieles von dem, was wir tun, vorausahnen und verstehen. Doch wenn Sie auf ein bestimmtes Verhalten Ihres Hundes jedes Mal anders reagieren, verlangen Sie von ihm etwas, das er nicht leisten kann – zu entscheiden, ob etwas angemessen ist oder

Ein Hund, der mit Betteln am Esstisch einmal Erfolg hatte, wird es immer wieder versuchen. Nur wenn alle konsequent bleiben, wird er es aufgeben.

nicht. Ihr Hund kann nicht begreifen, dass etwas manchmal erlaubt ist, ein anderes Mal aber nicht. Er weiß nicht, dass Sie Ihren neuen Anzug tragen oder dass Tante Klara panische Angst vor Hunden hat.

Sie können von Ihrem Hund nicht erwarten, dass er denkt wie ein Mensch, der viele Jahre damit verbracht hat, zu lernen, wie man sich »anständig« benimmt. Hunde können das nicht lernen. Wenn sie keine eindeutigen Verhaltensrichtlinien bekommen, müssen sie ständig raten, was von ihnen erwartet wird. Das verwirrt sie, und je größer diese Verwirrung wird, desto schwerer fällt es ihnen, sich so zu verhalten, wie wir es gern hätten. Und das wiederum verunsichert sie. Um glücklich zu sein, brauchen Hunde aber vor allem Beständigkeit in ihrem Leben.

Ohne Konsequenz ist es fast unmöglich, einem Hund schlechte Angewohnheiten abzugewöhnen. Dabei spielt es keine Rolle, ob es sich hierbei um das Betteln bei Tisch oder den ungestümen Umgang mit Besuchern handelt. Klare und immer gleich lautende Anweisungen helfen ihm, schneller zu lernen und das Gelernte zu behalten.

Alle müssen mithelfen. Wenn Sie mit Ihrem Hund allein leben, ist es kein Problem, konsequent zu sein. In einer Familie ist das schwieriger, denn es kann sein, dass jedes Familienmitglied dem Hund eine anders lautende Anweisung gibt. Hunde spüren, welches Familienmitglied sich am leichtesten manipulieren lässt. Auch wenn Sie das Füttern am Tisch streng verboten haben, wird Ihr Hund doch betteln, wenn ihm jemand anders heimlich etwas zusteckt.

Die innere Uhr, die dem Hund sagt, wann sein Besitzer heimkommt, macht ihn auch zu einem Gewohnheitstier, das Wert auf Pünktlichkeit und Routine legt.

Die beste Art, solche Situationen zu vermeiden, ist ein Familienrat, bei dem abgesprochen wird, welche Verhaltensweisen des Hundes zukünftig von allen erlaubt oder untersagt werden sollen.

Von einem Tag zum nächsten. Hunde lernen am besten, wenn sie einen geregelten Tagesablauf haben. Für Menschen sind Wochen, Monate und Jahre relevant, doch Hunden bedeuten diese langen Zeiträume nichts. Sie haben kein Langzeitgedächtnis. Ihre innere Uhr allerdings geht erstaunlich genau. Sie lässt Ihren Hund, eine Minute bevor Sie nach Hause kommen, hinter der Tür aufmarschieren, ohne dass er Sie gehört oder gesehen haben kann.

Eine tägliche Routine wirkt beruhigend. Am besten füttern Sie Ihren Hund jeden Tag zur selben Zeit, gehen zur selben Zeit mit ihm spazieren und machen auch Ihre Gehorsamsübungen zu festen Zeiten. Ein fester Stundenplan vermittelt Ihrem Hund Sicherheit, und ein zufriedener Hund neigt weniger dazu, etwas zu tun, das Sie hassen, wie zum Beispiel die Sofakissen zu zerfetzen.

Nein heißt nein. Niemand kehrt gern den Oberlehrer heraus. Wenn Sie abends erledigt nach Hause kommen, haben Sie keine Lust mehr, sich mit einem dickköpfigen Hund herumzuzanken. Das macht es so verlockend, ausnahmsweise einmal nachzugeben. Sie haben Ihrem Hund schon unzählige Male verboten, auf der Couch zu sitzen, doch er springt immer wieder hinauf, und schließlich geben Sie es entnervt auf.

Das sollten Sie nicht tun. Diese Form der Inkonsequenz lehrt Ihren Hund, dass es in Ordnung ist, wenn er nicht gehorcht. Ähnlich einem lästigen Vertreter geht er davon aus, dass Ihr »Nein« nur bedeutet, dass er seine Anstrengungen verdoppeln muss, um schließlich doch zu kriegen, was er will.

Kommandos wie »Nein!«, »Sitz!«, »Aus!« und »Runter!« dürfen nicht zur Diskussion stehen. Sie müssen immer und unbedingt durchgesetzt werden. Wenn Ihnen das gelingt, ist der ständig erhobene Zeigefinger überflüssig. Wenn der Hund erst einmal verstanden hat, was er soll, wird er es akzeptieren und auch zufrieden sein.

Patentrezept Wir verbringen so viel Zeit mit unseren Hunden, dass wir oft annehmen, dass sie dieselbe Sprache sprechen. Untersuchungen haben ergeben, dass 24 Prozent der Hundehalter überzeugt sind, ihre Hunde verstünden jedes Wort. Doch das ist unmöglich. Hunde können zwar die Bedeutung von Dutzenden von Worten lernen, doch es fällt ihnen schwer, sie von solchen zu unterscheiden, die zwar dieselbe Bedeutung haben, aber anders klingen. Deshalb ist es möglich, dass ein Hund perfekt auf »Komm her!« reagiert, von »Komm schon!« oder »Hier, komm!« aber vollkommen verwirrt ist.

Wenn Sie solche vom genauen Wortlaut des bekannten Kommandos abweichenden Variationen benutzen, muss Ihr Hund ständig neue Vokabeln lernen. Viel einfacher ist es für ihn, wenn Sie immer dieselben, gleich lautenden Kommandos benutzen. Dann muss Ihr Hund nicht lange rätseln, was Sie von ihm wollen, und er wird schneller und freudiger reagieren.

RASSENSPEZIFISCHES

Eine gewisse Routine im Tagesablauf tut allen Hunden gut, doch große, übermütige Hunde wie die Labrador-Retriever (rechts) brauchen sie unbedingt, um ihre unbändige Energie im Zaum zu halten.

PROBLEM HUND

NAME WOTAN
RASSE LABRADOR
ALTER 2 JAHRE

WORUM GEHT ES Wotan trinkt sein Wasser nicht, er spielt damit. Jedes Mal, wenn Herrchen oder Frauchen seine Wasserschüssel füllt, nimmt Wotan ein paar Schlucke, stellt dann die Vorderpfoten hinein, wirft den Napf um und verteilt das Wasser in der ganzen Küche. Seine Besitzer haben es verständlicherweise allmählich satt, dauernd die Pfützen aufwischen zu müssen, aber ihm kein Wasser hinzustellen, bringen sie natürlich auch nicht übers Herz.

Bis jetzt haben sie seine Schüssel immer neu gefüllt, doch der Dielenboden der Küche ist schon ganz aufgequollen. Sie haben ihrem Hund auch schon eine besonders schwere Schüssel gekauft, die nicht so leicht umkippt, doch Wotan schafft es trotzdem immer wieder, die Küche unter Wasser zu setzen – vermutlich erhöht der schwer umzuwerfende Napf nur den Spaß am Spiel.

WAS TUN Wotan ist ein Labrador, und Hunde dieser Rasse schwimmen nun mal für ihr Leben gern. Sie sind für die Wasserjagd gezüchtet worden, und sie lieben das Wasser. Das bedeutet aber nicht, dass es unmöglich ist, Wotan zu erziehen. Eine Möglichkeit ist, ihm eine andere Badegelegenheit zu bieten. So könnten seine Besitzer ihm z. B. ein Kinderplanschbecken in den Garten stellen. Der auf Wasser versessene Wotan wird es vermutlich selbst an kühlen Tagen gern aufsuchen – und im Sommer wird er stundenlang darin herumplanschen.

Eine andere Möglichkeit ist ein erhöhter Ständer für Futter und Wasser, den Wotans Besitzer in jedem Zoogeschäft bekommen. Diese Ständer aus Edelstahl oder Plastik sind eigentlich für Hunde mit Gelenkproblemen gedacht, denen es schwer fällt, zum Fressen den Kopf zu senken, doch ein in einem halben Meter Höhe angebrachter Wassernapf wird auch verhindern, dass Wotan seine Pfoten hineinstellt.

Die letzte Möglichkeit ist, ihm nach dem Trinken den Wassernapf sofort wegzunehmen, sobald er anfängt, damit zu spielen. Wenn er sich wieder beruhigt hat, kann der Napf wieder hingestellt werden. Irgendwann wird er begreifen, dass das Wasser im Napf nur zum Trinken da ist und nicht zum Spielen.

KAPITEL SECHS

Das Gute belohnen

Hunde bevorzugen positive Rückmeldungen. Sie für etwas Gutes zu belohnen wirkt besser, als sie für Fehler zu bestrafen. Viel Lob macht einen Hund glücklich und selbstbewusst – vor allem, wenn er weiß, dass er das Lob verdient hat.

Von dem amerikanischen Schriftsteller Ralph Waldo Emerson stammt der Sinnspruch »Der Tugend einziger Lohn ist die Tugend«. Eines ist sicher: Er hat dabei nicht an Hunde gedacht.

Wer erwartet, dass sich sein Hund von selbst tugendhaft benimmt, wird eine Enttäuschung erleben. Das bedeutet natürlich nicht, dass Hunde selbstsüchtig oder von Natur aus schlecht sind. Sie sehen die Welt nur mit anderen Augen als wir. Sie teilen alles, was sie wahrnehmen, in drei Kategorien ein: gut, schlecht und uninteressant.

- Die guten Dinge sind die, die belohnt werden, entweder mit Futter, Zuneigung oder Spiel. Hunde neigen dazu, diese Dinge zu tun.
- Die schlechten Dinge sind die mit den unangenehmen Folgen, wie etwa einem furchtbaren Geschmack oder einem Igelstachel in der Nase. Hunde lernen, diese Dinge zu vermeiden.
- Die uninteressanten Dinge sind die, die Hunde einfach nicht wahrnehmen und an die sie keinen Gedanken verschwenden.

Lange Zeit waren Hundeausbilder und Verhaltensforscher der Meinung, dass man Hunden am besten gute Manieren beibringen kann, wenn man sich ihren Instinkt, das Unangenehme zu vermeiden, zu Nutze macht. Hunde, die nicht gehorchten, die Mülltonne durchwühlten oder sonst etwas Verwerfliches taten, wurden ausgeschimpft oder geschlagen. Das sollte sie dazu bringen, das unerwünschte Verhalten mit den unangenehmen Folgen zu verbinden und in Zukunft zu unterlassen.

Da ist sicher etwas Wahres dran. Stellen Sie sich vor, Sie sind ein Hund, der zufällig auf ein Stinktier trifft. Auf einmal bekommen Sie eine Ladung des üblen Gestanks in die Nase. Wenn Sie das nächste Mal einem Stinktier begegnen, werden Sie einen großen Bogen machen, weil Sie jetzt wissen, wozu diese Tiere fähig sind.

Aber nun stellen Sie sich vor, dass Sie gemütlich zu Hause liegen und zufrieden auf diesem lecker schmeckenden Lederding herumkauen.

RASSENSPEZIFISCHES

Hunde mit dominantem Charakter wie z. B. Rottweiler betrachten Belohnungen manchmal als Zeichen der Schwäche ihres Besitzers. Solche Hunde mit einem ausgeprägten eigenen Willen lernen am besten, wenn man sie zwar für richtiges Verhalten belohnt, unerwünschte Handlungen aber auch sanft korrigiert.

Sie wissen nicht, dass es 500 Mark gekostet hat und aus Italien kommt. Sie wissen nur, dass es auf einmal Prügel gibt. Zugegeben, Sie wissen jetzt, dass Lederschuhe mit Schmerzen verbunden sind, aber Sie sehen Ihren Besitzer auf einmal in einem ganz anderen Licht – einem, das keineswegs schmeichelhaft für ihn ist.

Es ist unmöglich, einem Hund sein Fehlverhalten durch Strafe auszutreiben. Hunde, die oft bestraft werden, werden allmählich ängstlich, und diese Angst treibt sie dazu, noch mehr Fehler zu machen – was dann neue Strafen erfordert. Dadurch geraten Hund und Besitzer in einen Teufelskreis, aus dem es keinen Ausweg gibt.

Hunde lernen, indem sie ihre Handlungen mit deren Folgen assoziieren. Wenn etwas angenehme Folgen hat – z. B. Streicheln und Lob für das Nichtanspringen eines Besuchers –, wird das in Zukunft wiederholt.

Ich mag es, wenn du mich lobst

Verhaltensforscher haben herausgefunden, dass Hunde besser und schneller lernen, wenn sie für richtiges Verhalten belohnt anstatt für Fehler bestraft werden. Das gute Gefühl, das diese Belohnungen auslösen, hält lange vor, und der Wunsch, dieses Gefühl immer wieder zu erleben, veranlasst den Hund, sich richtig zu verhalten. Außerdem haben Hunde, die für richtiges Verhalten gelobt werden, eine engere Beziehung zu ihrem Besitzer als die, die immer wieder bestraft werden.

Richtiges Verhalten zu belohnen bedeutet nicht, dass Sie Ihren Hund verwöhnen oder ihm Leckerbissen zustecken sollen, nur weil er so niedlich aussieht, wenn er in der Sonne schläft. Es bedeutet vielmehr, dass er eine positive Verstärkung bekommt, sobald er etwas tut, das Sie verlangt haben. Stellen Sie sich z. B. vor, dass Ihr Hund bellt und Sie ihm befehlen, damit aufzuhören. Er hört auf, und Sie geben ihm eine Belohnung. Er wird schnell begreifen, dass Stillsein und Zuhören mit einem Leckerbissen verbunden sind.

Das richtige Timing. Hunde leben im Hier und Jetzt. Sie haben kein besonders gutes Gedächtnis. Aus diesem Grund ist es sinnlos, sie für etwas zu belohnen, das schon länger zurückliegt – und für Hunde ist alles, was länger als ein paar Sekunden her ist, bereits Vergangenheit. Natürlich werden sie den Leckerbissen begeistert verschlingen, doch sie haben keine Ahnung, wofür er ist. Wenn Sie auch nur zehn Sekunden warten, bevor Sie Ihrem Hund seine Belohnung geben, ist es zu spät.

Wenn Ihr Hund gerade erst angefangen hat, Manieren zu lernen, wird er anfangs nur selten ein Erfolgserlebnis haben. Wahrscheinlich werden Sie ihm nachlaufen müssen, um ihn dabei zu erwischen, wie er etwas richtig macht. Vielleicht schnuppert er an Ihren Hausschuhen, ohne sich an ihnen zu vergreifen. Dann müssen Sie ihn sofort überschwänglich loben und ihm einen Leckerbissen geben. Rollt er sich auf dem Teppich zusammen statt auf der Couch? Loben Sie ihn und sparen Sie nicht mit Leckereien.

Die passende Belohnung. Auch wenn fast alle Hunde übereinstimmend der Meinung sind, dass Futter die beste Belohnung ist, ist es dennoch nicht die einzige und auch nicht die beste. Belohnungshappen haben den Nachteil, dass Ihr Hund davon fett werden kann. Außerdem freuen sich viele Hunde genauso über Lob, Spielzeug oder andere Formen der Belohnung. Das hängt von der Rasse und der Persönlichkeit des einzelnen Tieres ab.

Hunde, die wie Afghanen und Greyhounds auf Sicht jagen, spielen gern mit Quietschtieren, auf denen sie auch herumbeißen können. Terrier, die geborene Rattenjäger sind, lieben mausähnliche Plüschtiere. Und Hütehunde wie Australische Schäferhunde und Border Collies werden einen Leckerbissen zwar nicht ablehnen, aber eine kurze Jagd durch den Garten, bei der Sie hinter Ihrem Hund herlaufen und Worte des Lobes rufen, wirkt noch besser.

Wenn Sie Probleme haben, das richtige Belohnungsspielzeug zu finden, nehmen Sie Ihren Hund mit ins Zoogeschäft und gehen Sie mit ihm ein paar Mal die Gänge auf und ab. Gehen Sie ruhig auch in die Katzenabteilung, denn manche Hunde – vor allem Hunde, die gern graben, wie etwa Dackel – lieben Spielzeug, das die Form eines kleinen Nagers hat. Halten Sie Ihrem Hund die Spielsachen hin und lassen Sie ihn an allem schnuppern. Wenn er großes Interesse zeigt, wissen Sie, dass Sie das ideale Spielzeug gefunden haben.

Belohnen Sie selten, aber gezielt. Genau wie Kinder, die mit Eiscreme zum Abendessen aufwachsen und dann der Meinung sind, dass sie ihnen zusteht, begreifen auch Hunde den Sinn einer Belohnung nicht mehr, wenn sie sie zu oft bekommen. Anfangs ist es nicht schlimm, wenn Sie ein wenig übertreiben. Schließlich muss Ihr Hund vieles lernen. Doch nach einigen Wochen sollten Sie die Menge reduzieren. Geben Sie ihm nicht mehr jedes

Manche Hunde lassen sich durch Futter kaum motivieren. Die Aussicht auf ein Ballspiel veranlasst diesen Kelpie, sich von seiner besten Seite zu zeigen.

Mal etwas, wenn er etwas richtig macht, sondern nur noch jedes zweite Mal. Nach ein paar Monaten ist das gewünschte Verhalten selbstverständlich geworden. Dann geben Sie nur noch gelegentlich einen Happen zur Belohnung.

Die Reaktion Ihres Hundes sagt Ihnen, ob Sie ihn zu oft belohnen. Der Anblick oder Geruch eines Leckerbissens sollte ihn in Begeisterung versetzen. Wenn er Sie aber nur gelangweilt ansieht, wissen Sie, dass Sie es übertrieben haben. Vielleicht ist es aber auch an der Zeit, zu einer neuen Form der Belohnung zu wechseln.

Helfen Sie ihm auf den richtigen Weg. Manche Hunde scheinen nichts richtig zu machen. Sie sagen »Sitz!«, und Ihr Hund sieht Sie verständnislos an? Sie befehlen ihm, vom Sofa zu springen, und er räkelt sich nur genüsslich? Sie warten mit dem Leckerli in der Hand darauf, dass er endlich etwas richtig macht, damit Sie ihn belohnen können, doch er kaut nur auf Ihren Schuhen herum oder uriniert auf Ihre Gummistiefel?

Sie können nicht warten bis in alle Ewigkeit. Manchmal müssen Sie Ihrem Hund zeigen, was sich gehört und was nicht. Wenn Sie ihn dabei erwischen, wie er sein Geschäft in der Wohnung verrichtet, tragen Sie ihn hinaus und lassen Sie es ihn draußen fertig machen. Dann belohnen Sie ihn. Wenden Sie diese Technik jedes Mal an, wenn Ihr Hund etwas tut, das er nicht soll. Finden Sie Ihren Hund mit dem Kopf im Mülleimer vor, nehmen Sie ihn am Halsband und führen Sie ihn ein paar Mal am Mülleimer vorbei, ohne ihn anhalten oder schnuppern zu lassen. Dann führen Sie ihn in einen anderen Raum und belohnen Sie ihn dort. Er wird allmählich begreifen, dass ein bestimmtes Verhalten ihm die Dinge einbringt, die er liebt.

HUNDEGESCHICHTEN

Der Sparhund

Oliver Keller braucht sich nicht zu überlegen, wie er seinen Cockerspaniel Atze belohnen soll. Dafür sorgt Atze ganz allein. Und wenn er seinen großzügigen Tag hat, gibt er seinem Besitzer etwas ab. Atze hat eine Spürnase für Geld. Während andere Hunde von Steaks oder Kaninchenjagden träumen, hat Atze nur seinen nächsten Fischzug im Kopf. Entdeckt hat sein Besitzer diese Vorliebe für große Scheine, als seine Freundin begann, sich über verschwundenes Geld zu beschweren. Drei Wochen lang gab sie ihrem Freund die Schuld. Aber Oliver vermisste selbst ein paar Scheine und konnte sich nicht vorstellen, wo das Geld geblieben war.

Eines Tages kam ihm eine Idee. Er legte einen Geldschein auf den Kaffeetisch und ging dann hinter einer Ecke in Deckung. Und tatsächlich, Atze schnappte sich den Schein. Sein Besitzer folgte ihm unauffällig und entdeckte schließlich Atzes Notgroschen – gut versteckt hinter dem Kühlschrank.

Atzes Raubzüge sind durchaus verständlich, wenn man die Vorgeschichte kennt. Wenn Oliver am Supermarkt des kleinen Ortes, wo sie wohnen, mit seinem Hund vorbeikam, gab er Atze gelegentlich ein paar Geldscheine, mit denen der Hund dann in den Laden ging. Die Verkäufer, die das Spiel natürlich kannten, nahmen ihm das Geld ab und gaben ihm dafür eine Dose Wiener Würstchen, die er dann hinaustrug. Draußen öffnete sein Besitzer die Dose und verfütterte die Würstchen an Atze – und das ist eine Lektion, die kein Hund so schnell vergisst.

KAPITEL SIEBEN

DAS SCHLECHTE IGNORIEREN

Aufmerksamkeit ist eine wirksame Form der Belohnung. Hunde bevorzugen positive Aufmerksamkeit, doch auch negative Aufmerksamkeit nehmen sie gelassen hin. Deshalb ist es oft wirkungsvoller, schlechtes Benehmen zu ignorieren, als es zu bestrafen.

In jeder Grundschulklasse gibt es ein Kind, das im Unterricht plötzlich aufspringt, Grimassen schneidet oder herumzappelt. Lehrer wissen, dass es das Beste ist, diese Ausbrüche zu ignorieren, weil die Kinder damit nur Aufmerksamkeit erregen wollen.

Tierpsychologen können dem nur zustimmen. Manche Hunde benehmen sich genauso wie diese Klassenclowns, und Sie sollten darauf reagieren, wie es die Lehrer machen. Wenn Sie Ihren Hund ignorieren, während er sich danebenbenimmt, entziehen Sie ihm, was ihm am liebsten ist – Ihre Aufmerksamkeit. Und das ist die wirksamste Trainingsmethode, die Ihnen zur Verfügung steht.

Denken Sie an das wilde Hunderudel. In jedem Rudel gibt es ein Alpha-Tier, den Leithund. Wenn ein rangniedriger Hund etwas tut, das dem Leithund missfällt, macht er sich nicht einmal die Mühe, in seine Richtung zu sehen. Seine Aufmerksamkeit widmet er nur denjenigen, die etwas tun, das ihm zusagt. Beim Zusammenleben mit dem Menschen sind Sie das Leittier für Ihren Hund, und diese Stellung können Sie benutzen, um ihm Manieren beizubringen. Wenn er etwas Unerwünschtes tut, bestrafen Sie ihn nicht – entziehen Sie ihm Ihre Aufmerksamkeit.

Wann wird ignoriert

Das schlechte Verhalten zu ignorieren ist natürlich kein Allheilmittel. Es funktioniert nicht, wenn Ihr Hund aggressiv oder sehr aufgeregt ist, denn dann achtet er ohnehin nicht auf Sie.

Es funktioniert auch nicht, wenn Ihr Hund gerade etwas tut, an dem er viel Freude hat, z. B. wenn er hinter Schmetterlingen herbellt oder eine Katze durch den Garten jagt. In solchen

RASSENSPEZIFISCHES

Unerwünschtes Verhalten zu ignorieren wirkt am besten bei Hunden, die von Natur aus eine besonders enge Beziehung zu ihrem Besitzer aufbauen, wie z. B. Huskys und Malamutes (links). Hunde, die zu jedem freundlich sind, wie etwa Labradore, sind für diese Technik weniger empfänglich.

Augenblicken kann er auf Ihre Zustimmung verzichten, weil er auch ohne sie genug Spaß hat.

Ihm die kalte Schulter zu zeigen wirkt am besten, wenn der Hund ohnehin gerade versucht, Ihre Aufmerksamkeit zu erregen, z. B., indem er an Ihnen hochspringt, bellt oder Ihre Hand anstupst. Diese Technik des Ignorierens wirkt augenblicklich, und wenn Sie sie konsequent anwenden, wird Ihr Hund seine Lektion irgendwann gelernt haben.

Wie wird ignoriert

Es ist einfach, dem Hund die kalte Schulter zu zeigen, wenn er sich danebenbenimmt. Zwischen Erziehung und Strafe liegt jedoch nur eine feine Grenze. Einen Hund zu lange oder zu oft zu ignorieren, wird ihn nicht erziehen; es macht ihn nur ängstlich. Der Sinn der Sache ist, ihm die Aufmerksamkeit nur so lange zu entziehen, bis er aufhört, das zu tun, was Ihnen missfällt. Danach können Sie Ihren Charme wieder spielen lassen.

Aber machen Sie nicht den Fehler, Ihren Hund in diesem Augenblick zu loben. Das lehrt ihn nur, dass es ihm doch gelingt, Ihre Aufmerksamkeit zu erregen, wenn er nur lange genug durchhält.

Wegsehen. Hunde sind sehr auf Augenkontakt fixiert. In der Natur ist ein direkter Blick entweder eine Einladung oder eine Drohung. Auf jeden Fall übermittelt er eine wichtige Botschaft. Ein Hund, der seinen Besitzer bedrängt oder um seine Aufmerksamkeit bettelt, wird immer Augenkontakt halten, um die Reaktion des Menschen einzuschätzen. Sie können Ihrem Hund eine deutliche Botschaft des Missfallens senden, indem Sie demonstrativ wegsehen.

Sofort ignorieren. Hunde brauchen nicht viel Ermunterung, um mit etwas fortzufahren. Wenn Sie auch nur einen Moment zögern, wenn Ihr Hund bellt, um Sie auf sich aufmerksam zu machen, oder wenn er an Ihnen hochspringt, sobald Sie heimkommen, haben Sie ihm bereits Tür und Tor geöffnet und er wird weitermachen.

Drehen Sie sich sofort um, stecken Sie die Hände in die Taschen und starren Sie an die Decke. Hunde können Ihre Körpersprache verstehen und sie erkennen Missfallen, wenn sie es sehen.

Nicht nachgeben. Hunde sind sehr hartnäckig und nutzen jede Schwäche aus – in dieser Beziehung sind sie wie Kinder. Einen Hund fünf Sekunden – oder fünf Minuten – zu ignorieren, ist

Dieser Whippetmischling springt hoch, weil er seiner Besitzerin das Gesicht lecken will. Doch diese dreht sich weg und nimmt ihm damit das, was er sich am meisten wünscht – er muss sich also eine andere Form der Begrüßung ausdenken.

eine deutliche Botschaft, doch das bedeutet nicht, dass der Hund sofort aufgibt. Ganz im Gegenteil; er wird anfangen zu winseln und seine Anstrengungen verdoppeln. Wenn Sie an diesem Punkt nachgeben, wirft Sie das um Wochen zurück, denn damit lehren Sie ihn, dass er gewinnt, wenn er nur lange genug durchhält.

Patentrezept Eine eindeutige Methode, einem Hund klarzumachen, dass man mit seinem Verhalten nicht einverstanden ist, ist es, ihn allein zu lassen. Stellen Sie sich vor, Sie unterhalten sich in der Küche mit einem Gast, und Ihr Hund kommt herein und lässt einen nassen, dreckigen Tennisball auf den Boden fallen – eine Einladung zum Spiel. Sie und Ihr Gast sollten sofort aufhören zu reden und die Küche verlassen. Dann wird Ihr Hund denken: »Wenn ich den Ball draußen lasse, sind sie aber wesentlich netter zu mir.«

Nur die Gegenwart zählt. Niemand kommt gern nach Hause, nur um festzustellen, dass der Inhalt des Mülleimers im ganzen Haus verteilt ist. Dies ist einer der Momente, in denen sich gute Vorsätze wie »Ich werde Missetaten ignorieren; ich werde keinen Wutausbruch haben« besonders leicht in Rauch auflösen. Doch Ihnen bleibt nichts anderes übrig, als das Chaos zu ignorieren. Es hat keinen Sinn, einen Hund für etwas anzuschreien oder zu bestrafen, das schon Stunden zurückliegt. Der Hund kann die Verbindung nicht mehr herstellen und deshalb nicht verstehen, warum sein Besitzer wütend ist. Er weiß nur, dass er wütend ist, und da er den Grund dafür nicht kennt, macht ihm dieser Ausbruch Angst.

Dieser Malteser ist eifersüchtig und versucht, die Aufmerksamkeit seines Besitzers auf sich zu ziehen. Durch das Abwenden des Kopfes zeigt ihm der Mann, dass seine Versuche vergeblich sind und er es auf andere Art versuchen muss.

SCHON GEWUSST

Warum nehmen kleine Hunde im Bett so viel Platz weg?

Leute, die ihre Hunde mit ins Bett nehmen, staunen oft, wie viel Platz sie wegnehmen. Vor allem um drei Uhr nachts breiten sich die Vierbeiner dermaßen aus, dass man glaubt, einen doppelt so großen Hund im Bett zu haben. Die eigentlichen Inhaber der Betten liegen derweil beengt am äußersten Rand.

Kleine Hunde brauchen relativ mehr Platz als große. Das liegt daran, dass die kleinen Rassen meist nur ein oder zwei Junge zur Welt bringen. Bei großen Hunden sind die Würfe deutlich größer. Um in ihrem Bau genügend Platz für den Nachwuchs zu schaffen, haben große Hunde gelernt, sich zum Schlafen eng zusammenzurollen. Kleine Hunde dagegen haben den Bau für sich allein oder teilen ihn mit nur einem Welpen. Deshalb können sie es sich leisten, sich auszustrecken und den gesamten verfügbaren Platz einzunehmen.

PROBLEM HUND

NAME WALDO
RASSE ZWERGDACKEL
ALTER 4 JAHRE

WORUM GEHT ES Waldo liebt Höhenluft. Er ist der Liebling der Familie und genießt Narrenfreiheit. Der Fußboden des Hauses interessiert ihn nicht, obwohl er ihm als Zwergdackel ziemlich nahe ist. Waldo liebt hoch gelegene Aussichtspunkte, was bedeutet, dass er mit Vorliebe auf die Möbel steigt. Das macht er sehr geschickt, und seine Besitzer stört es nicht. Doch sobald sie nicht hinsehen, klettert Waldo noch höher, z. B. auf die Rückenlehnen von Sofas und Sesseln. Wenn er dort erwischt wird, bekommt er vom aufgeregten Geschrei seiner Besitzer solche Angst, dass sich seine Blase entleert. Die Kletterei stört eigentlich niemanden, aber die ständigen Duschen machen den Polstermöbeln schwer zu schaffen.

WAS TUN Es gibt viele Hunde, die hoch gelegene Aussichtspunkte mögen. In der Natur setzen sich Hunde auf Felsen oder Böschungen, um zu sehen, was um sie herum geschieht, und um sich vor Raubtieren zu schützen. Im Haus steigen sie zu diesem Zweck auf die Möbel. Dazu kommt, dass Zwergdackel sehr verspielte Hunde sind. Da sie meist im Haus gehalten werden, haben sie selten Gelegenheit, in der Erde zu graben oder auf dem Rasen herumzutollen. Also suchen sie sich eine neue Beschäftigung, und König des Sofas zu spielen ist sicher sehr unterhaltsam. Waldo hat nicht nur am Klettern Spaß, ihm gefällt es auch, seine Besitzer mit seinen Fähigkeiten zu beeindrucken.

Wahrscheinlich hat er noch einen anderen Grund für seine Kletterpartien. Zwergdackel sind sehr klein – sie passen in eine mittelgroße Handtasche. Wenn Waldo auf die Sofalehne steigt, fühlt er sich größer und bedeutender. Außerdem ist er ein sehr sensibler Hund, dem die Missgeschicke nur passieren, wenn Herrchen oder Frauchen mit ihm schimpfen.

Doch da es niemanden stört, wenn Waldo auf den Möbeln herumklettert, sollte die Familie sich entspannen und ihm den Spaß gönnen. Waldo haart nicht sehr, und er ist so klein, dass er kaum Schaden anrichten kann. Und wenn er erst gelernt hat, dass seine Besitzer nicht mehr jedes Mal erschrocken aufschreien, wird er auch aufhören, die Möbel zu bewässern.

KAPITEL ACHT

Die beste Zeit zum Üben

Die Erziehung eines Hundes ist nie abgeschlossen, deshalb sollte sie nie in Stress ausarten. Dabei kommt es auf den richtigen Zeitpunkt an. Verlangen Sie keine Gehorsamsübungen, wenn Sie beide gerade gut gegessen haben – das kann nicht gut gehen.

Es gibt etwas, das erfolgreiche Börsenmakler, Komiker, Uhrmacher und Leute, die perfekt Eier kochen können, gemeinsam haben: den Sinn fürs richtige Timing. Auf das richtige Timing kommt es auch an, wenn Sie Ihren Hund erziehen. Zu wissen, wann Sie mit ihm üben sollten, ist genauso wichtig, wie zu wissen, was Sie mit ihm üben wollen. Schließlich sind Sie derjenige, der die Probleme vor Ort kennt.

Dieser Golden Retriever weiß genau, wann es Zeit für seinen Spaziergang ist. Er hat gelernt, sich brav hinzulegen und geduldig auf ein Zeichen seines Besitzers zu warten.

Der Blick auf die Uhr

Wann Sie Ihren Hund trainieren, hängt von Ihrem eigenen Tagesablauf ab. Es ist sinnlos, wenn Sie sich vornehmen, jeden Morgen mit Ihrem Hund zu arbeiten, wenn Sie drei Kinder schulfertig machen müssen und es außerdem kaum schaffen, selbst pünktlich bei der Arbeit zu sein. Es nützt nichts, wenn Ihr Hund munter und voller Tatendrang ist, Sie selbst aber nicht. Wählen Sie also die Trainingszeit, die Ihnen am besten passt.

Hunde bevorzugen feste Übungsstunden. Ein immer gleicher Tagesablauf gibt ihnen Sicherheit und hilft, Stress zu vermeiden. Und ein ausgeglichener und entspannter Hund lernt natürlich leichter.

Die innere Uhr beachten. Auch wenn Hunde keinen Zeitsinn haben, verfügen sie doch über eine erstaunlich akkurate innere Uhr, die es ihnen ermöglicht, im Voraus zu wissen, wann sich der Besitzer erheben wird, um den Napf zu füllen. Diese innere Uhr können Sie sich zu

Nutze machen – und auch den Eifer, den Hunde vor regelmäßig wiederkehrenden Ereignissen zeigen –, indem Sie jeden Tag zur selben Zeit mit Ihrem Hund üben. Wenn Sie zur gewohnten Zeit zur Leine greifen, wird Ihr Hund startbereit und voller Tatendrang sein.

Viele kurze Lektionen. Hunde können sich nicht lange konzentrieren, und deshalb bringen lange Trainingseinheiten nichts. Sie können bis zu zwanzig Minuten konzentriert mitarbeiten – aber nur an einem guten Tag. Im Regelfall sind zehn Minuten schon mehr als genug. Natürlich kann ein Hund in zehn Minuten nicht viel lernen, und deshalb empfehlen viele Ausbilder, mehrmals täglich zu üben.

Wenn Sie eine Übungseinheit ausfallen lassen, was Ihnen wahrscheinlich häufiger mal passieren wird, versuchen Sie nicht, es zu kompensieren, indem Sie dafür später am Tag länger mit Ihrem Hund arbeiten. Dann wird er schnell das Interesse verlieren – und Ihnen geht es wahrscheinlich genauso.

Erst die Arbeit, dann das Futter. Futter ist eine großartige Motivationshilfe. Nutzen Sie deshalb die Minuten vor dem Füttern für ein paar schnelle Übungen. Lassen Sie Ihren Hund sich z. B. ein paar Mal hinsetzen und hinlegen, bevor Sie ihm den gefüllten Napf hinstellen. Oder üben Sie die Kommandos »Bleib!« und »Komm her!« mit ihm. Solche kurzen, aber regelmäßigen Lektionen sind sehr effektiv.

Diese Hunde wissen, dass sie erst fressen dürfen, wenn ihr Besitzer es erlaubt. Die beiden älteren Hunde beherrschen die Lektion bereits, doch der Welpe im Vordergrund benötigt noch etwas Nachhilfeunterricht.

Patentrezept Boshafte Schulleiter, die es darauf anlegen, dass möglichst viele Schüler durchfallen, brauchten nur vor jeder Klassenarbeit eine üppige Mahlzeit zu servieren. Das ist bei Hunden nicht anders. Ein satter Hund ist ein fauler Hund – einer, der sich am liebsten eine Weile irgendwo ausstrecken würde. Direkt nach dem Fressen steht das Gehorchen auf seiner Prioritätenliste ziemlich weit unten. Das erklärt, warum Sie die besten Resultate erzielen, wenn Sie mit Ihrem Hund trainieren, bevor Sie ihn füttern.

Ungeplante Trainingsstunden

Ein fester Zeitplan ist eine gute Sache, wenn Sie an der grundlegenden Erziehung Ihres Hundes

arbeiten, doch bei unvorhergesehenen Ereignissen ist er nutzlos. Stellen Sie sich z. B. vor, dass Ihr Hund sich angewöhnt hat, den Mülleimer auszuräumen. Natürlich können Sie ihn abends um halb sechs ausschimpfen, wenn Sie von der Arbeit kommen. Er wird Ihnen respektvoll zuhören und vielleicht auch den Kopf zur Seite neigen. Und am nächsten Tag wird er wieder den Mülleimer durchwühlen, weil er nicht verstanden hat, was Sie zu ihm gesagt haben.

Verglichen mit dem Menschen haben Hunde nur ein sehr kurzes Gedächtnis. Es hat keinen Sinn, sie Stunden nach einer Missetat zu bestrafen, weil sie den Zusammenhang nicht erkennen können. Die Zeitspanne, in der ein Eingreifen sinnvoll ist, beträgt nur wenige Minuten. Das bedeutet, dass Sie Ihren Hund bei seiner Untat erwischen müssen.

Das Problem dabei ist allerdings, dass Hunde nicht dumm sind. Auch wenn sie ihre tägliche Portion Unsinn sicher nicht im Voraus planen, erkennen sie doch Gelegenheiten, die sich anbieten. Deshalb werden sie auch nie im Mülleimer wühlen, während Sie daneben stehen, sondern abwarten, bis Sie außer Haus sind. Und genau das ist das Problem: Spätes Schimpfen nützt nichts, und Sie sind nie zu Hause, wenn der Hund seine Untat begeht.

Doch es gibt einen Ausweg: Sie müssen Ihren Hund in Versuchung führen, wenn Sie zu Hause sind. Bleiben wir bei dem Beispiel mit dem Mülleimer. Werfen Sie ein paar besonders verlockende Abfälle hinein und lassen Sie den Deckel offen. Dann verlassen Sie das Haus, gehen Sie aber nicht weit weg. Gehen Sie einmal um den Block, gießen Sie Ihre Blumen, kurz,

Im Freien sind Hunde oft abgelenkt. Dieser Bullterriermischling muss noch lernen, sich trotzdem auf seine Besitzerin zu konzentrieren.

lassen Sie Ihrem Hund etwas Zeit, um auf dumme Ideen zu kommen. Dann kommen Sie schnell wieder hinein, und mit etwas Glück erwischen Sie Ihren Hund, wie er bis zu den Schultern im Mülleimer steckt. Jetzt können Sie mit ihm schimpfen und ihn für einige Minuten allein in ein anderes Zimmer sperren. Er wird genau wissen, was er getan hat und warum Sie wütend auf ihn sind, und das ist der erste Schritt auf dem Weg zu besseren Manieren.

Ablenkung gilt nicht

Auch Hunde, die sehr gut erzogen sind – die sicher bei Fuß gehen, auf Ruf kommen und ins Körbchen gehen, wenn Sie es verlangen – haben Momente, in denen sie sich einfach nicht auf das konzentrieren können, was Sie sagen. Das passiert meistens, wenn sie sich in einer ungewohnten Situation oder in der Öffentlichkeit befinden, wo es laut ist und ungewohnte Eindrücke auf sie einstürmen – also das genaue Gegenteil von der Umgebung, in der sie ihre Lektionen gelernt haben.

Doch es sind genau diese Situationen, in denen die Erziehung wirklich sitzen muss. Es ist schön, wenn Ihr Hund sofort kommt, wenn Sie ihn im Garten rufen, aber noch wichtiger ist es, dass er es auch tut, wenn er frei im Park herumläuft oder wenn neben einer befahrenen Straße plötzlich das Halsband reißt.

Sie können natürlich nicht alles voraussehen, aber Sie können nach Situationen Ausschau halten, die Ihren Hund verunsichern und seine Konzentration stören, und dann nach Wegen suchen, ihn daran zu gewöhnen. Vielleicht hat Ihr Hund Angst vor Autos und Straßenlärm und ist dann so abgelenkt und verstört, dass er Ihre Kommandos nicht mehr wahrnimmt. Versuchen Sie nicht, diese Situationen zu meiden, sondern nutzen sie sie. Mit viel Übung und ein paar Leckerbissen wird es Ihnen gelingen, Ihren Hund so weit zu beruhigen, dass er Ihnen auch in Situationen zuhört, die ihn bisher zu Tode geängstigt haben.

Und so funktioniert es: Gehen Sie wie gewohnt mit Ihrem Hund spazieren. Sowie er den Lärm wahrnimmt, geben Sie ihm einen Leckerbissen, und zwar, bevor er Zeit hat, nervös zu werden. Suchen Sie nach etwas, das ihn ablenkt – eine viel befahrene Kreuzung, einen Fußweg voller Menschen oder was immer es sonst ist, das ihm Angst macht –, und belohnen Sie ihn, sobald diese Angstauslöser auftauchen.

Wenn er erst gemerkt hat, dass all diese schrecklichen Dinge mit Futter verbunden sind, wird er weniger auf sie achten und sich stattdessen mehr Ihnen zuwenden – oder zumindest den guten Dingen, die Sie in der Hand halten.

Zu warm zum Arbeiten

Viele Hundebesitzer beschweren sich, dass ihre Hunde abends konzentriert mitarbeiten, tagsüber aber unausstehlich sind. Das bilden sie sich nicht nur ein. Vor allem in den Sommermonaten lernen Hunde wirklich besser, wenn man frühmorgens oder abends mit ihnen arbeitet. Wenn Sie nachvollziehen wollen, woran das liegt, machen Sie doch einmal folgendes Experiment:

1. Ziehen Sie an einem heißen Julitag den wärmsten Pelzmantel an, den Sie besitzen.
2. Gehen Sie nach draußen und üben Sie abwechselnd das Hinsetzen und energisches Bei-Fuß-Gehen.
3. Wanken Sie wieder ins Haus, waschen Sie sich den Schweiß ab und überlegen Sie, ob es nötig ist, die Notrufnummer zu wählen.

Das dicke Fell und ihr relativ ineffektives Kühlsystem machen Hunde für Hitze deutlich empfindlicher als Menschen. In den warmen Monaten des Jahres sind ihnen oft schon wenige Trainingsminuten zu viel. Das erklärt, warum sie in den kühleren Morgen- und Abendstunden dann wesentlich aufnahmefähiger sind.

KAPITEL NEUN

Der beste Ort zum Üben

Wo Hunde lernen, entscheidet darüber, wie gut sie lernen. Die Küche ist ein perfekter Ort, wohingegen der Garten schon schwieriger ist. Die Wahl des richtigen Ortes erleichtert das Training ungemein – für Sie und Ihren Hund.

Jeder, der schon einmal ein Haus gekauft hat, weiß, dass dabei drei Dinge zu beachten sind: die Lage, die Lage und die Lage. Doch Leute, die einen Hund ausbilden wollen, achten fast nie auf die Lage, und das ist ein Fehler. Hunde sind sehr revierbetont – ihr Heim ist ihr Revier. Wenn sie etwas Neues lernen, verbinden sie es automatisch mit dem Ort, an dem sie es gelernt haben. Das merken viele Hundehalter, wenn sie ihre Hunde nach einem mehrwöchigen Aufenthalt in der Hundeschule zurückbekommen. Der Ausbilder berichtet dann meist, wie großartig der Hund sich herausgemacht und wie viele wundervolle Dinge er gelernt hat. Daraufhin geben die Besitzer dann selbst ein paar Kommandos – und ihre Hunde rühren sich nicht. Sie brauchen ein paar Wochen – oder sogar Monate –, um zu begreifen, dass die gelernten Lektionen auch zu Hause gelten.

Die Küche ist ein guter Platz zum Üben. Die meisten Hunde fühlen sich hier geborgen, und die interessanten Gerüche sind ihrer Konzentration förderlich.

Zu Hause ist es am schönsten

Den größten Teil ihrer Ausbildung bekommen Hunde zu Hause. In jedem Zimmer gelten andere Regeln. So erlauben Sie Ihrem Hund vielleicht, im Wohnzimmer zu schlafen, aber nicht in der Küche. Eine Pfote auf dem Knie wird im Wohnzimmer geduldet, im Esszimmer aber nicht. Hunde lernen am schnellsten, wenn ihr Unterricht auf verschiedene Teile des Hauses zugeschnitten ist und auch in den entsprechenden Räumen abgehalten wird.

Die Küche. Die Küche ist für den Anfang ideal. Die meisten Hunde fühlen sich in der Küche wohl, und sie bietet eine stressfreie Umgebung zum Lernen. Außerdem ist es in der

Küche gewöhnlich ziemlich ruhig – es sei denn, Sie haben Kinder im Teenageralter, die ständig den Kühlschrank belagern.

Am besten üben Sie mit Ihrem Hund, wenn er Hunger hat. Hunde wittern ihr Futter sofort, wenn sie die Küche betreten, und das motiviert natürlich ungemein.

Das Wohnzimmer. Das Wohnzimmer ist gewissermaßen eine Art Vielzweck-Trainingsplatz. Es ist gewöhnlich der größte Raum im Haus und bietet genug Platz, um Kommandos wie »Bei Fuß!« oder »Komm her!« zu üben. Außerdem können Sie im Wohnzimmer Übungen wiederholen, die der Hund bereits in anderen Räumen des Hauses gelernt hat, und spezielle Lektionen hinzufügen, wie etwa das Fernbleiben von den Möbeln.

Der Garten. Erst wenn Ihr Hund die Grundschule im Haus mit Auszeichnung abgeschlossen hat, sollten Sie ihn in den Garten lassen – gewissermaßen die Oberschule der Hundeerziehung. Im Garten wird Ihr Hund von unzähligen Dingen abgelenkt – interessante Witterungen, Blätter, die man anbellen muss, Katzen, die zum Hinterherlaufen einladen, und vieles mehr. Was immer Sie Ihrem Hund bisher beigebracht haben, im Garten wird es auf die Probe gestellt, und Sie werden erfahren, ob er schon reif ist für den nächsten Schritt.

Die wirkliche Welt

Es ist schön, wenn Ihr Hund sich zu Hause gut benimmt, doch das ist erst der Anfang. Er muss noch lernen, dass dieselben Regeln auch außerhalb der eigenen vier Wände gelten. Das wird durch Lärm und Ablenkung erschwert. Trotzdem muss er lernen, auch in einer Menschenmenge oder mitten im dicksten Verkehr zu gehorchen. Rechnen Sie aber damit, dass sich Ihr Hund in einer ungewohnten Situation ganz anders verhält, als Sie es gewohnt sind. Draußen in freier Wildbahn muss Ihr Hund etwas besonders Wichtiges lernen, das Verhaltensforscher Generalisierung nennen. Damit ist die Fähigkeit gemeint, bereits Gelerntes von einer Umgebung auf eine andere zu übertragen.

Beginnen Sie mit Sportunterricht. Hunde, die ihr bekanntes Heimatrevier verlassen,

SCHON GEWUSST

Warum scharren Hunde neben ihren Haufen?

Im Gegensatz zu Katzen, die ihre Ausscheidungen säuberlich vergraben, gehen die meisten Hunde einfach weiter, nachdem sie sich erleichtert haben. Doch manchmal drehen sie sich auch um und scharren halbherzig mit den Pfoten neben ihrer Hinterlassenschaft. Es sieht aus, als wollten sie eine Katze imitieren, doch besonders gut gelingt ihnen das nicht.

Manche Fachleute sind der Meinung, dass Hunde damit ihre persönliche Duftmarke hinterlassen wollen. Sie kratzen nicht im Kot, sondern direkt daneben. Dabei hinterlassen die Talgdrüsen zwischen ihren Ballen einen ölige, duftende Substanz. Dieses Ritual vollzieht allerdings nicht jeder Hund. Schüchterne Hunde z. B. würden es nicht wagen, auf diese Weise die Aufmerksamkeit auf sich zu lenken. Dominante Tiere dagegen sind stets bestrebt, der Welt ihre Überlegenheit zu beweisen, und deshalb kommt dieses Verhalten bei ihnen häufiger vor.

Hunde, die zu Hause sicher gehorchen, müssen lernen, alle Kommandos auch draußen zu befolgen, wo sie durch ungewohnte Dinge, Gerüche und Geräusche abgelenkt werden.

fühlen sich oft wie Touristen in einer fremden Großstadt: vollkommen überwältigt und orientierungslos. Sie brauchen einen sicheren Ort, um die Lektionen zu festigen, die sie bereits gelernt haben. Dazu eignet sich z. B. ein Sportplatz, der im Freien liegt, aber eingezäunt ist.

Dort brauchen Sie nicht lange zu üben. Wenn Ihr Hund seine erste Aufregung überwunden hat, können Sie zum nächsten Schwierigkeitsgrad übergehen. Vergessen Sie aber nicht, eventuelle Hinterlassenschaften Ihres Hundes aufzusammeln, denn es ist nicht schön, zwischen Hundehaufen Fußball zu spielen.

Der Supermarktparkplatz. Der nächste Ausbildungsort ist schon deutlich anspruchsvoller, denn der Parkplatz ist belebt, laut und voller Menschen. Bleiben Sie in der Nähe des Eingangsbereichs, wo keine Autos fahren. Der Vorteil dieses öffentlichen Platzes ist, dass die meisten, die hier vorbeikommen, es entweder eilig haben oder mit Einkäufen bepackt sind und somit keine Hand frei haben, um Ihren Hund zu streicheln.

Es spielt keine Rolle, welche Lektionen Sie dort üben. Der Sinn des Unterrichts ist nur, Ihrem Hund klarzumachen, dass er Ihnen auch gehorchen muss, wenn um ihn herum der größte Trubel herrscht. Das ist eine Herausforderung. Jeder Hund begreift das Kommando »Bleib!« zu Hause im Wohnzimmer, wenn Sie mit ihm allein sind und sich nur einen oder zwei Meter von ihm entfernen können. Auf dem Parkplatz dagegen wird er immer wieder abgelenkt, und Sie haben viel Platz, um die Distanz allmählich zu vergrößern. Diese Lektion ist sehr wichtig, denn sie lehrt Ihren Hund, auch dann noch auf Sie zu achten, wenn andere Menschen zwischen ihnen beiden durchgehen.

Natürlich sind die Lernerfolge in einer solchen Umgebung zunächst begrenzt. Bei den ersten Versuchen werden Sie vermutlich die Aufmerksamkeit Ihres Hundes verlieren, wenn Sie sich entfernen. Dann gehen Sie wieder auf ihn zu oder gehen Sie mit ihm an einen weniger belebten Ort. Diese Regel wird von vielen Leuten missachtet. Sie gehen immer weiter weg und bestehen darauf, dass der Hund gehorcht. Dabei übersehen sie, dass es während des gesamten Trainings nötig sein kann, zwei Schritte vor und einen Schritt zurück zu machen.

Eine Spritztour machen. Auch das Autofahren ist Bestandteil der Grundausbildung – aus gutem Grund. Wenn Ihr Hund das Autofahren nicht kennt, kann es passieren, dass er sich bei jeder Fahrt übergibt. Doch irgendwann wird jeder Hund ins Auto müssen, und sei es nur, weil er zum Tierarzt soll. Dann muss er gelernt haben, auf dem Rücksitz zu bleiben und sich nicht unter dem Bremspedal zu verkriechen. Am besten platzieren Sie gelegentlich den Korb oder die Lieblingsdecke Ihres Hundes auf dem Rücksitz. Legen Sie ein paar Spielsachen oder Leckerbissen dazu und laden Sie Ihren Hund zum Einsteigen ein. Wenn Sie das eine Zeit lang jeden Tag machen, brauchen Sie den Korb nicht mehr – Ihr Hund wird gewohnheitsmäßig auf den Rücksitz springen. Das dauert meist nicht länger als ein oder zwei Wochen.

Peinliche Situationen

Die meisten Leute halten ihre Hunde für vierbeinige Menschen – bis diese etwas tun, das ihren Besitzern außerordentlich peinlich ist, z. B. jemandem die Schnauze zwischen die Beine zu stecken. Peinlichkeiten dieser Art bleiben keinem Hundehalter erspart, und deshalb ist es gut, wenn Sie für solche Gelegenheiten ein paar flotte Sprüche auf Lager haben.

Wenn Ihr Hund das macht …	**Sagen Sie das:**
Sich an ein Bein klammert	»Oh, tut mir Leid. Er muss Sie für einen platten Reifen gehalten haben.«
Aus dem Mülleimer nascht	»Wussten Sie, dass das unter Hunden als Geheimtipp für frischen Atem gilt?«
Seinen Schwanz jagt	»Das macht er dauernd, seit er *Twister* gesehen hat.«
Sich in Entengrütze wälzt	»Kaum zu glauben, dass Leute viel Geld für Seetangpackungen ausgeben, wenn sie es doch so einfach haben könnten.«
Dreist schnüffelt	»Sie könnten ihm jetzt die Hand geben, aber Sie haben sich ihm bereits vorgestellt.«
Fremde anspringt	»Möchten Sie tanzen?«

DRITTER TEIL

Das Benehmen im Haus

Hunde müssen Menschen merkwürdig finden: Sie stellen ihre Häuser voll Möbel und verbieten ihnen, sie zu benutzen. Sie laden Gäste ein und schimpfen, wenn ihr Hund sie beschnuppert. Das ist für Hunde nicht einfach zu begreifen. Dennoch können sie lernen, wie sie sich im Haus zu benehmen haben. Und das ist notwendig, um das Zusammenleben für beide Parteien einfacher zu gestalten.

KAPITEL ZEHN

Eigentum respektieren

Kauspielzeug ist lustig, aber teures Leder macht viel mehr Spaß. Sie können Ihrem Hund die Freude am Kauen nicht wegerziehen, aber Sie können ihm begreiflich machen, dass es Dinge gibt, die für seine Zähne tabu sind.

Fast jeder Hundebesitzer hat wohl schon einmal einen durchgekauten, nassen Schuh im Wohnzimmer gefunden oder entnervt zugesehen, wie sein geliebter Vierbeiner versucht, sich auf dem Teppichboden bis nach China durchzugraben. Ein gewisses Maß an Sachbeschädigungen lässt sich nicht vermeiden. Sie hat ihre Ursache im Revierverhalten der Hunde, ob sie nun Welpen sind oder längst ausgewachsen.

Es gibt jedoch einen Unterschied zwischen gelegentlichen Ausrutschern und echter Zerstörungswut. Manche Hunde haben einfach Spaß am Kaputtmachen und sind schwer zu stoppen, wenn sie erst einmal damit angefangen haben. Wenn Ihnen etwas an Ihrem Besitz liegt, sollten Sie zunächst verstehen lernen, wie Ihr Hund denkt. Man kann jedem Hund etwas mehr Respekt für die eigenen Sachen beibringen, ob er nun gerade erst mit dem Zerstören angefangen hat oder schon seit Jahren systematisch alles zerfetzt. Zwar wird kein Hund seinen geliebten Sport vollständig aufgeben, doch Sie können zumindest mit einer Besserung rechnen.

Fünf Formen der Zerstörung

Jeder Hund hat einen anderen Grund dafür, etwas zu zerstören, doch die meisten dieser Gründe lassen sich in eine der folgenden fünf Kategorien einordnen:

»Ich bin jung und meine Zähne tun weh.« Der Zahnwechsel findet bei Welpen im Alter zwischen 14 Wochen und sechs Monaten statt. Das Herumkauen auf Gegenständen wirkt beruhigend auf das schmerzende Zahnfleisch.

»Ich bin jung und neugierig und weiß es nicht besser.« Genau wie Kinder alles anfassen und auseinander nehmen müssen, verspüren junge Hunde den Drang, alles ins Maul zu nehmen. Das geschieht zum Teil aus Neugier, weil sie erfahren wollen, was fressbar ist oder was sich im Maul unangenehm anfühlt.

Dieser Lhasa-Apso-Welpe kaut auf allem herum, teils aus Neugier, teils aber auch, um sich das Zahnen zu erleichtern.

Junge Hunde müssen auf etwas herumbeißen, doch sie können noch nicht wissen, dass sie die Sachen ihres Besitzers verschonen sollen.

»Es macht Spaß.« Viele Leute glauben, dass ihre Hunde Bücher, Schuhe und Tischbeine durchkauen, weil sie unzufrieden sind. Doch meist steckt etwas viel Einfacheres dahinter. Es macht einfach Spaß!

»Ich dachte, es wäre meins.« Im Alter von etwa einem Jahr wissen die meisten Hunde, womit sie spielen dürfen und womit nicht. Das gilt aber nur, wenn sich die Besitzer die Mühe gemacht haben, es ihnen beizubringen. Viele machen den Fehler, ihrem Hund alte Schuhe oder anderes aus ihrem Besitz zu geben. Doch Hunde können nicht zwischen einem erlaubten und einem verbotenen Turnschuh unterscheiden.

»Ich bin unglücklich.« Die schlimmsten Kaputtmacher sind Hunde, die viel allein sind und sich langweilen. Ein gelangweilter Hund sucht sich seine Unterhaltung selbst, und ein Kissen zu zerfetzen ist sehr unterhaltsam. Außerdem brauchen Hunde eine Möglichkeit, Stress und Angst abzubauen, und Tapeten von der Wand zu reißen wirkt da einfach Wunder!

Abhilfe schaffen

Auf etwas herumzukauen gehört zur normalen Entwicklung jedes Welpen, und man kann es ihm kaum abgewöhnen. Ausgewachsene Hunde mit einem ausgeprägten Zerstörungsdrang sind besonders schwer zu kurieren, weil sie von lieb gewordenen Gewohnheiten nur ungern wieder ablassen. Das Problem beim Zerstören von Möbeln, Teppichen oder Tapeten ist, dass sich der Hund dabei selbst belohnt. Hunde haben gern Spaß, und etwas kaputtzumachen ist aus ihrer Sicht so ziemlich das Schönste, was es gibt. Es ihnen abzugewöhnen, solange man zu Hause ist, ist kein Problem, doch die meisten Hunde nehmen ihr Zerstörungswerk wieder auf, sobald niemand im Haus ist.

Wenn Sie bereit sind, sich etwas Zeit für die grundlegende Erziehung zu nehmen, kann jeder Hund lernen, seine Zerstörungswut im Zaum zu halten. Sie werden aber nur Erfolg haben, wenn der Hund nie gewinnt. Wie bei einem Exraucher, um den es schon nach einem einzigen Zug geschehen ist, muss auch der zerstörungswütige Hund den absoluten Entzug durchmachen. Drei Wochen mustergültigen Verhaltens sind verloren, wenn er auch nur ein Mal wieder seinem Vergnügen nachgeht. Sie müssen also aufpassen. Sie müssen dem Hund sein Zerstörungswerk unmöglich machen und ihm beibringen, dass es eigentlich keinen Spaß macht, etwas zu zerstören, und dass es auch nicht nötig ist.

RASSENSPEZIFISCHES

Retriever neigen dazu, Dinge zu zerkauen, weil sie für die Arbeit mit dem Maul gezüchtet wurden. Dackel, Beagles und Terrier wie dieser Cairn-Terrier (rechts) tendieren eher zum Graben, weil es ihre Aufgabe war, Kaninchen und andere Kleintiere aus ihrem Bau zu holen.

Mit der Gewohnheit brechen

Aus welchem Grund auch immer Hunde auf etwas herumkauen, allen gemeinsam ist, dass sie nicht begreifen, dass bestimmte Dinge im Haus nur Ihnen allein gehören und dass diese Dinge nicht zerkaut, zerrissen, zerkratzt oder herumgeschleppt werden dürfen. Selbst wenn Hunde das Gefühl haben, etwas Verbotenes zu tun, können sie die Aktion nicht mit dem Wutanfall in Verbindung bringen, den Sie später am Abend deswegen bekommen. Deshalb müssen Sie Ihren Hund unbedingt auf frischer Tat ertappen. Niemand bewacht gern ununterbrochen seinen Hund, doch die meisten Hunde begreifen es nach ein paar Wochen – und je länger sie nichts zerstört haben, desto mehr verflüchtigt sich die alte Gewohnheit.

Nicht in Versuchung führen. Der Schriftsteller Oscar Wilde gestand einmal, dass er allem widerstehen könne, nur der Versuchung nicht. Diese Bemerkung hätte auch von einem Hund stammen können. Deshalb ist es Ihre Aufgabe, die Versuchung von Ihrem Hund fern zu halten. Räumen Sie Ihre Schuhe weg, bevor Sie zu Bett gehen. Bringen Sie Plüschtiere außer Reichweite. Bewahren Sie wertvolle Dinge auf einem hohen Regal auf. Je länger Sie Ihren Hund von der Versuchung fern halten, desto unwahrscheinlicher ist es, dass er später wieder in seine alte Gewohnheit zurückfällt.

Gelegenheit macht Diebe. Zu Anfang können Sie nicht erwarten, dass Ihr Hund sich auch dann benimmt, wenn Sie nicht da sind. Aber auch wenn Sie zu Hause sind, können Sie nicht jede Minute auf ihn aufpassen – schließlich müssen Sie irgendwann schlafen. Am besten stellen Sie sein Körbchen über Nacht in den Hauswirtschaftsraum oder an einen anderen gemütlichen Ort, an dem er keinen Unsinn machen kann. Wenn Sie sauber machen oder einkaufen gehen, sperren Sie ihn in den Garten. Sie sollen ihn nicht in die Verbannung schicken, sondern nur dafür sorgen, dass er nichts kaputtmacht, wenn Sie gerade nicht in der Lage sind, es zu verhindern. Das Problem bei dieser Methode ist, dass Hunde sich nach Zuwendung sehnen. Wenn sie mehr als vier Stunden allein gelassen werden, fühlen sie sich einsam und langweilen sich – und werden diese aufgestau-

Zerstörungswütige Hunde müssen ständig überwacht werden. Diesem Golden Retriever bleibt nichts anderes übrig, als sich zu benehmen, solange seine Besitzerin den Fuß auf der Leine hat.

ten Emotionen bei der nächstbesten Gelegenheit ausleben. Das bedeutet, dass Sie sich darauf einstellen müssen, jede freie Minute mit Ihrem Hund zu verbringen. Erst wenn er aufhört, Ihre Sachen zu zerstören, können Sie sich wieder etwas mehr Freizeit gönnen.

Nehmen Sie ihn an die Leine. Hunde brauchen nicht lange, um etwas kaputtzumachen – zwei bis drei Minuten reichen vollkommen. Manchmal hilft es, wenn Sie Ihren Hund an die Leine nehmen. Ein kurzer Ruck und ein strenges »Nein!« wirken Wunder, wenn Ihr Hund versucht, sich einer Sache zuzuwenden, die ihm nicht gehört.

Da es ziemlich lästig sein kann, den ganzen Tag eine Hundeleine in der Hand zu halten, ist Ihre Kreativität gefragt. Wenn Sie z. B. fernsehen oder lesen, können Sie den Fuß auf das Leinenende stellen. Oder Sie machen die Leine an einer Gürtelschlaufe fest. So haben Sie wenigstens die Hände frei. Außerdem brauchen Sie Ihren Hund nicht ewig angeleint zu lassen. Die meisten Hunde lernen schneller, als gemeinhin angenommen wird, und meist reichen ein paar Wochen der Überwachung aus.

Seien Sie unerbittlich. Hunde, die einmal ihren Zerstörungsdrang ausleben konnten, werden es wieder tun. Ein halbherziges »Nein« oder ein böser Blick reicht nicht aus, zumal der Spaß des Kaputtmachens eine lauwarme Ermahnung mehr als wettmacht. Beziehen Sie Stellung und setzen Sie sich durch. Wenn Ihr Hund anfängt, auf etwas herumzukauen, zu kratzen oder zu graben, sagen Sie sofort scharf »Nein!«. Machen Sie ihm klar, dass Sie unzufrieden mit ihm sind und ihm sein Verhalten nicht durchgehen lassen. Hunde respektieren Autorität und wollen Ihnen alles recht machen. Wenn Sie Ihrem Hund unmissverständlich klarmachen, dass es nicht richtig ist, was er tut, wird er sich etwas anderes suchen.

Dabei können Sie ihm helfen, indem Sie ihm eine akzeptable Alternative anbieten. Wenn Sie mit Ihrem Hund schimpfen und er daraufhin aufhört, geben Sie ihm schnell etwas anderes zum Spielen. Wenn er es annimmt, loben Sie ihn. Das hilft ihm, den Zusammenhang zu verstehen: »Wenn ich mit ihren Sachen spiele, werden sie wütend, aber wenn ich mit meinen Sachen spiele, freuen sie sich und geben mir etwas Leckeres. Das gefällt mir!«

Ertappen Sie ihn auf frischer Tat. Hunde haben kein gutes Gedächtnis. Sie können ein

Bieten Sie einem zerstörungswütigen Hund eine Alternative an – z. B. einen Tennisball.

teures Paar Schuhe zerstören und wissen zehn Minuten später nichts mehr davon. Deswegen ergibt es keinen Sinn, sie später noch auszuschimpfen oder an den Ort der Zerstörung zurückzuschleifen. Selbst wenn Ihr Hund dann schuldbewusst dreinschaut, liegt das nur daran, dass er auf Ihre Stimmung reagiert. Was diese Stimmung ausgelöst hat, weiß er jedoch nicht.

Außerdem kann es passieren, dass Ihr Hund sich zukünftig davor fürchtet, dass Sie nach Hause kommen, und das ist das Letzte, was passieren darf. Schimpfen hat nur Sinn, wenn Sie Ihren Hund auf frischer Tat ertappen. Wenn Ihnen das nicht gelungen ist, bleibt Ihnen nichts anderes übrig, als tief durchzuatmen, das Chaos aufzuräumen und aufs nächste Mal zu warten.

Patentrezept Manche Hunde sind mit ihren Kauobjekten sehr wählerisch und nehmen immer wieder denselben Gegenstand. Eine gute Methode, sie davon zu kurieren, besteht darin, dem Gegenstand einen üblen Geschmack zu verpassen, z. B. mit einem Bitterapfelspray aus dem Zoofachhandel. Sie können den Gegenstand auch mit Alaunlösung bestreichen. Alaun schmeckt furchtbar sauer, kann Ihrem Hund aber nicht schaden.

Neue Gewohnheiten bilden

Da Hunde es lieben, auf etwas herumzukauen, wäre es grausam, ihnen alle verbotenen Dinge wegzunehmen, ohne für eine Alternative zu sorgen. Es ist nicht ganz einfach, Spielsachen zu finden, die Hunden gefallen, denn gewöhnlich bevorzugen sie Sachen, die ihren Besitzern gehören. Ihre Schuhe tragen Ihren persönlichen

Hohle Spielsachen, die mit Trockenfutter gefüllt werden können, bieten eine angenehme Alternative zum Zerstören der Einrichtung.

Geruch und deshalb macht es Ihrem Hund so viel Spaß, sie zu zerbeißen. Socken, Krawatten, Handtaschen – nichts ist vor ihm sicher.

Wenn Sie sich etwas Mühe geben, werden Sie aber auch für Ihren Hund das richtige Spielzeug finden. Viele Hunde sind z. B. ganz verrückt nach Tennisbällen und lassen dafür alles andere liegen. Andere Hunde bevorzugen Stofftiere, und wieder andere lieben Büffelhautknochen. Einen Versuch wert sind Bälle, die mit Trockenfutter gefüllt werden können. Wenn der Hund den Ball herumschubst, fällt gelegentlich ein Stück Trockenfutter heraus, und damit lässt sich die Aufmerksamkeit fast jedes Hundes wecken.

Doch wie sehr Ihr Hund sein Spielzeug auch liebt, irgendwann wird es ihn langweilen. Deshalb sollten Sie ihm mehrere Spielsachen geben, allerdings nicht alle auf einmal, sondern abwechselnd. Da Hunde sich kaum noch an den vergangenen Tag erinnern können, wird es Ihrem Hund vorkommen, als wäre jeden Tag

Weihnachten, wenn Sie ihm morgens sein »neues« Spielzeug geben. Leider sind Spielsachen nicht unzerstörbar. Hunde haben kräftige Kiefer und starke Zähne und verfügen außerdem über ungeheure Ausdauer. Das bedeutet, dass Sie eine Menge Spielzeug kaufen werden. Ideal wäre es, wenn Sie etwas finden könnten, das Ihr Hund mag und das trotzdem eine Weile hält. Kauknochen aus Nylon sind z. B. wesentlich stabiler als Bälle oder Büffelhautknochen. Da sie aus Kunststoff sind, üben diese Knochen natürlich nicht dieselbe Anziehungskraft aus wie Ihre Schuhe, doch Sie können sie verlockender machen, indem Sie sie ein paar Mal zwischen den Händen hin- und herrubbeln. So nimmt der Kunststoff Ihren Geruch an, und der ist es, der Hunde zum Kauen verleitet.

Hunde lieben Gegenstände, die nach ihren Besitzern riechen – deshalb sind Schuhe so beliebt. Reiben Sie neue Spielsachen zwischen den Händen, damit sie Ihren Geruch annehmen und für Ihren Hund attraktiver werden.

HILFERUF

Die meisten Hunde zerkauen Sachen und graben, weil es ihnen Spaß macht. Bei einigen ist dieses Verhalten jedoch als Hilferuf zu verstehen, denn sie ertragen das Alleinsein nicht.

Hunde lebten schon immer im Rudel – einer verschworenen Gemeinschaft, die zusammen schlief, spielte und fraß. Heute betrachten die Hunde ihre Besitzer als Rudel, doch diese sind leider oft viele Stunden unterwegs. Manche Hunde geraten in dieser Zeit vollkommen außer sich – sie leiden unter Trennungsangst. Hunde, die unter dieser Störung leiden, können ungeheure Schäden anrichten, deren Behebung mitunter sehr kostspielig sein kann. Ohne professionelle Hilfe ist ihr Problem nicht zu lösen. Ob Ihr Hund unter Trennungsangst leidet, ist leicht festzustellen. Die Anzeichen dafür sind:

Die Zerstörungswut tritt nur auf, wenn Sie nicht im Haus sind – oder ist zumindest zu diesen Zeiten besonders ausgeprägt.

Ihr Hund zieht sich beim Zerstören der Einrichtung Verletzungen am Maul, an den Pfoten oder anderen Körperteilen zu.

Er macht überwiegend dann etwas kaputt, wenn er ganz offensichtlich aufgeregt oder ängstlich ist.

KAPITEL ELF

Für Freiraum sorgen

Jeder Hund ist seinem Besitzer gern ganz nah, für den menschlichen Geschmack manchmal zu nah. Hunde müssen lernen, dass Menschen Wert auf eine gewisse Distanz legen.

Falls Sie jemals Lust verspüren sollten, jemanden so richtig verlegen zu machen, stellen Sie sich in etwa einem Meter Entfernung vor ihm auf und treten Sie dann immer näher an ihn heran. Wir denken zwar nie bewusst darüber nach, doch jeder von uns legt Wert auf einen gewissen Abstand zu anderen Menschen. Wenn jemand diese Individualdistanz unterschreitet, fühlen wir uns unwohl und bedrängt.

Auch Hunde haben eine solche Abstandsregel. In ihrem Fall lautet sie allerdings »Je dichter, desto besser«. Aus diesem Grund müssen so viele Hundehalter ihr Bett mit einem Vierbeiner teilen oder um Luft ringen, während ein 35 Kilo schwerer Retriever auf ihrem Schoß sitzt. Stellen Sie sich vor, Ihr Partner – oder womöglich jemand anders – würde Sie zwanzigmal am Tag anstupsen und »Liebling, berühr mich« sagen. Spätestens nach einer Stunde würden Sie sie oder ihn mit Sicherheit zum Teufel wünschen.

Hunde sehnen sich nach Zuneigung und sind immer gern in der Nähe von Herrchen oder Frauchen.

Hab mich lieb

Um zu verstehen, warum Hunde so anhänglich sind, muss man ihre Entwicklungsgeschichte kennen. Hunde sind sehr gesellige Tiere, die im Rudel leben, also in einer Art Hunde-Großfamilie. Im Kreise ihrer Artgenossen waren sie glücklich und unglücklich, wenn sie allein gelassen wurden. Heute leben unsere Hunde nicht mehr im Rudel, doch ihr Bedürfnis nach Geselligkeit ist unverändert geblieben. Die meisten Hunde haben jedoch gelernt, sich der menschlichen Lebensweise anzupassen. Sie wissen, dass ihre Besitzer morgens das Haus verlassen und abends wiederkommen, und dass das normal ist. Ihnen ist auch bewusst, dass Menschen gelegentlich etwas tun, das sie nicht betrifft, wie etwa das Geschirr abwaschen oder lesen. Sie schlafen derweil auf dem Boden, kauen auf einem Spielzeug herum oder beschäftigen sich auf andere Weise, bis die Menschen in ihrem Leben bereit sind, sich mit ihnen abzugeben.

Doch dann gibt es noch Hunde, die nie aufgeben. Sie führen sich auf, als wäre eine Minute der Trennung eine Ewigkeit. Sie folgen ihrem Besitzer überallhin, stupsen seine Hand an und werden durch ihr ständiges Verlangen nach Aufmerksamkeit zur Landplage.

Das Selbstvertrauen stärken

Gleichgültig, ob diese Hunde sich immer wieder vergewissern wollen, dass sie noch geliebt werden, oder ob sie einfach die Aufmerksamkeit genießen – auf die Dauer ist ihre Anhänglichkeit ermüdend. Die folgenden Maßnahmen können dazu beitragen, dem Hund zu mehr Selbstvertrauen zu verhelfen.

Loben Sie selten, dann aber richtig. Hunde wären hervorragende Hausierer, denn wenn ein Trick nicht funktioniert, versuchen sie es mit dem nächsten, weil sie genau wissen, dass ihre Besitzer irgendwann nachgeben. Wenn Sie Ihren Hund jedes Mal streicheln, wenn er zu Ihnen kommt, wird er denken »Prima, er befolgt jeden meiner Befehle«. Die einzige Möglichkeit, dieses »Ich nerve dich, bis du mich streichelst«-Verhalten zu beenden, ist eiserne Konsequenz. Ignorieren Sie das Stupsen an der Hand und das Anlehnen an die Beine. Warten Sie, bis Ihr Hund etwas tut, was Lob verdient. Dann loben und streicheln Sie ihn ausgiebig.

Setzen Sie Ihre Aufmerksamkeit gezielt ein. Viele Leute schenken ihrem Hund viel Aufmerksamkeit, ohne groß darüber nachzudenken – indem sie ihm während des Lesens die Ohren kraulen oder ihn gedankenlos streicheln, wenn er sich an ihre Beine lehnt. Dieses liebevolle Geben und Nehmen ist eine der Ursachen für die Zuneigung zwischen Mensch und Hund. Doch wenn Ihr Hund ohnehin schon an Ihnen klebt wie eine Klette, ermuntern Sie ihn damit nur, noch weiter in Ihren persönlichen Bereich einzudringen.

RASSENSPEZIFISCHES

Fast jeder Hund bedrängt irgendwann seinen Besitzer, doch Rassen wie etwa die Retriever, die für die enge Zusammenarbeit mit dem Menschen gezüchtet wurden, betrachten es schon fast als Lebensaufgabe. Hunde wie z. B. der Akita-Inu und der Rottweiler, die selbstständiges Arbeiten gewohnt sind, neigen eher dazu, ihre Besitzer in Ruhe zu lassen.

Für viele Golden Retriever beträgt die angenehmste Individualdistanz etwa sechs Zentimeter, beim Saluki (links) dagegen können es gut und gern drei Meter sein.

Hunde wissen ziemlich genau, was funktioniert und was nicht. Wenn Sie sich bewusst bemühen, Ihren Hund nur gelegentlich zu streicheln, und ihn die übrige Zeit ignorieren, wird er begreifen, dass sein Drängen nutzlos ist, und wird es wahrscheinlich schon nach wenigen Tagen aufgeben. Doch bis es so weit ist, sollten Sie sich darauf vorbereiten, dass er seine Anstrengungen verdoppeln wird. Ein Hund, der an ständige Aufmerksamkeit gewöhnt ist, wird sie nicht so schnell aufgeben wollen. Es ist durchaus denkbar, dass er mit Nervosität und Unsicherheit reagiert, bis er sich an die Veränderung gewöhnt hat und feststellt, dass sich im Grunde nichts geändert hat.

Dieser Corgi lernt, dass etwas Abstand zu seinem Besitzer kein Weltuntergang ist, solange er ihn noch sehen kann. Wenn er seine Lektion gelernt hat, wird die Leine nicht mehr nötig sein.

Senken Sie die Stimme. Die meisten Menschen heben automatisch die Stimme, wenn sie mit einem Hund sprechen, ähnlich, wie sie es bei Kindern tun. Dagegen ist nichts einzuwenden, es sei denn, Sie versuchen Ihrem Hund etwas abzugewöhnen. Hunde verstehen den genauen Wortlaut Ihrer Kommandos nicht, wohl aber deren Tonfall. Wenn Sie z. B. sagen »Geh runter von mir, du dummer Hund«, dabei aber die Stimme heben und einen freundlichen Tonfall anschlagen, könnten Sie genauso gut sagen: »Hopp, hoch mit dir!«

Hunde reagieren eher auf tiefe Stimmen, vermutlich, weil ranghöhere Tiere bei Regelverstößen tief und warnend knurren. Wenn Sie also wollen, dass Ihr Hund Ihnen ein wenig mehr Platz lässt, sagen Sie es ihm in einem Ton, den er versteht – tief und drohend. Nennen Sie zuerst seinen Namen, und sagen Sie dann »Runter!« oder »Ab!«.

Eine gewisse Nähe ist erlaubt. Die meisten Hunde lassen ihre Besitzer nicht aus den Augen, doch manchen ist das nicht genug. Sie springen auf, wenn ihr Besitzer aufsteht, und folgen ihm von einem Zimmer zum nächsten. Sie ertragen es nicht, auch nur für einen Augenblick allein zu sein. Sie können Ihrem Hund helfen, mehr Selbstbewusstsein zu entwickeln, indem Sie ihm beibringen, dass die Welt nicht untergeht, wenn Sie ihn einen Moment allein lassen.

- Nehmen Sie Ihren Hund an die Leine und binden Sie Ihn gegenüber von Ihrem Sitzplatz am anderen Ende des Zimmers an. Dann kann er nicht herbeikommen und Sie bedrängen, aber da Sie immer noch in seiner Nähe und in Sicht-

SCHON GEWUSST

Warum lecken Hunde das Gesicht?

Wenn sich zwei Hunde begegnen und beim Beschnuppern feststellen, dass sie sich sympathisch sind, wird einer der beiden dem anderen unweigerlich das Gesicht lecken. Das würden Hunde auch gern beim Menschen tun, nicht gerade, wenn man sich zum ersten Mal sieht, aber als alltägliche Geste der Begrüßung.

Auch für dieses Verhalten ist der Grund in der Zeit zu suchen, in der Hunde noch im Rudel lebten. Rangniedrige Hunde drücken mit dem Belecken des Ranghöheren ihren Respekt und ihre Zuneigung aus.

Es geht dabei aber nicht nur um Zuneigung. Welpen lernen früh, dass es ihnen Extrafutter einbringen kann, wenn sie ihrer Mutter das Gesicht ablecken, denn das macht sie glücklich und veranlasst sie womöglich dazu, noch mehr Futter zu spendieren. Außerdem hoffen die Welpen, beim Lecken noch den einen oder anderen Futterrest an ihrer Schnauze zu finden.

weite sind, wird er sich nicht aufregen. Wiederholen Sie diese Übung mehrmals am Tag, bis er sich an die vergrößerte Distanz gewöhnt hat.

• Warten Sie, bis Ihr Hund ruhig und gelassen darauf reagiert. Dann stehen Sie auf und verlassen Sie für ein paar Sekunden den Raum. Er wird sich daraufhin wahrscheinlich aufführen wie beim Ablegen der Titanic, aber wenn Sie sofort zurückkommen und sich hinsetzen, wird er sich schnell wieder beruhigen. Machen Sie das mehrmals, bleiben Sie aber immer nur kurz weg. Im Laufe von Tagen und Wochen können Sie dann die Dauer Ihrer Ausflüge ins Nebenzimmer steigern. Bleiben Sie so lange weg, dass es Ihrem Hund auffällt, aber nicht so lange, dass er in Panik gerät.

• Unsichere Hunde werden nicht nur nervös, wenn ihr Besitzer den Raum verlässt. Sie regen sich bereits auf, wenn sie die ersten Hinweise darauf entdecken, dass Sie sich im Aufbruch befinden. Die letzte Übung ist deshalb, Ihren Hund an all die Geräusche zu gewöhnen, die entstehen, bevor Sie das Haus verlassen. Nehmen Sie Ihre Schlüssel in die Hand, klimpern Sie damit

Das Klimpern der Schlüssel, das Öffnen von Türen und andere Geräusche des Aufbruchs lassen diesen Schäferhund kalt. Er hat gelernt, sich nicht aufzuregen, wenn seine Besitzer das Haus verlassen.

Hunde, die sich auf der Couch breit machen, wollen es nicht nur bequem haben. Sie versuchen vielleicht auch, sich in der Rangordnung hochzuarbeiten bis an die erste Stelle.

und legen Sie sie dann wieder hin. Machen Sie das regelmäßig, während Sie lesen oder fernsehen. Öffnen und schließen Sie mehrmals das Garagentor. Ziehen Sie eine Jacke an und wieder aus. Dadurch soll Ihr Hund begreifen, dass diese Aufbruchssignale nichts zu bedeuten haben. Wenn Sie dann wirklich das Haus verlassen wollen, wird Ihr Hund sich nicht schon vorher aufregen.

- Solange Ihr Hund ruhig irgendwo sitzt oder liegt, gehen Sie gelegentlich zu ihm und belohnen Sie ihn dafür – mit Streicheleinheiten oder einem Leckerbissen. Damit belohnen Sie ihn dafür, dass er so ruhig ist. Wenn er nervös oder aufgeregt ist, gibt es keine Belohnung. Hunden, die Angst haben, Aufmerksamkeit zu schenken verstärkt ihre Unruhe noch. Wenn Sie dieses Programm ein paar Wochen durchhalten, wird Ihr Hund lernen, dass es nicht schlimm ist, wenn Sie weggehen, und – was noch wichtiger ist – dass Sie immer wiederkommen.

Dein Platz oder meiner

Die meisten Hunde bedrängen ihren Besitzer, weil sie einsam oder unsicher sind. Manche tun es aber auch aus dem entgegengesetzten Grund: um ihren Besitzer zu verunsichern. Hunde nutzen den körperlichen Kontakt nicht nur, um ihre Zuneigung auszudrücken, sondern auch, um die Rangordnung zu klären. Ein Hund, der drängelt, mit der Hüfte rammt oder sich gegen einen anderen Hund – oder einen Menschen – lehnt, betont damit seine Autorität. Ein Hund, der an seinem Menschen vorbeischießt, sobald dieser die Tür öffnet, oder der sich auf der Couch immer breiter macht, will damit ausdrücken, dass er bereit ist, das Kommando zu übernehmen.

Eine ähnliche Bedeutung hat es, wenn ein Hund seinen Futternapf verteidigt oder knurrt, wenn man ihn vom Sofa schubsen will. Auf diese Weise steckt er sein Revier ab. Diese dominante Einstellung wird im Laufe der Zeit immer stärker und sollte deshalb schon im Keim erstickt werden. Ihr Hund muss lernen, dass alles in der Welt Ihnen gehört, dass Sie aber so nett sind, es mit ihm zu teilen.

Beschäftigung ist alles. In der Welt der Hunde nimmt jedes Tier eine bestimmte soziale Stellung ein – es gibt den Rangniedrigsten, den

Ranghöchsten und die, deren Stellung zwischen diesen Extremen liegt. Genauso ist es innerhalb der Familie. Dort kommt es erst zu Problemen, wenn der Hund sich einbildet, eine höhere Stellung einzunehmen als sein Besitzer. Um ihn davon zu kurieren, müssen Sie Ihrem Hund zeigen, dass es nichts umsonst gibt und dass alle guten Dinge von Ihnen kommen. Was Ihr Hund auch immer verlangt – sein Futter, einen Spaziergang oder einen Extraleckerbissen –, er muss damit rechnen, dass er dafür arbeiten muss.

Lassen Sie Ihren Hund sitzen, bevor Sie ihm sein Futter geben. Verlangen Sie, dass er sich hinlegt, bevor Sie die Tür öffnen. Beachten Sie ihn nicht, wenn er zu Ihnen kommt – er soll warten, bis Sie ihm Ihre Aufmerksamkeit anbieten. Wenn Ihr Hund verstanden hat, wer der Boss ist, wird er nicht mehr dazu neigen, in Ihren privaten Bereich einzudringen.

Setzen Sie sich durch. Wenn Ihr Hund Sie bedrängt, müssen Sie ein Machtwort sprechen. Legen Sie ein paar Grundregeln fest und halten Sie sie ein – nicht nur gelegentlich, sondern immer. Haben Sie z. B. beschlossen, dass Ihr Hund auf der Couch nichts zu suchen hat, dann machen Sie ihm das klar. Geben Sie nicht nach, egal, wie süß er aussieht, wenn er angekrochen kommt. Achten Sie darauf, dass alle Mitglieder Ihrer Familie mitziehen.

Zeigen Sie ihm den Fußboden. Eine andere Methode, seine Privatsphäre zu schützen, ist, den Hund nicht im Bett schlafen zu lassen, sondern auf dem Boden. Manche Hunde sehen Betten und andere Möbelstücke nicht nur als bequeme Schlafplätze an, sondern auch als Statussymbole. Es hat keinen Sinn, wenn Sie Ihrem Hund tagsüber das Drängeln verbieten und ihn dann nachts als gleichrangig behandeln, indem Sie ihn mit ins Bett nehmen.

Patentrezept Die einfachste Methode, den persönlichen Freiraum zurückzuerobern, ist, den Lieblingsplatz Ihres Hundes unbenutzbar zu machen. Stellen Sie einen Hocker an diese Stelle, beziehen Sie seinen Lieblingsplatz mit einer ungemütlichen Plastikfolie oder legen Sie einfach einen Stapel Bücher hin. Wenn der Hund erst einmal seinen Thron verloren hat, wird er auch in anderer Hinsicht aufhören, sich als Boss aufzuspielen.

Dieser Kelpie-Labrador-Mischling lernt gerade, dass er sich hinsetzen muss und sich nicht an seiner Besitzerin vorbeidrängen darf, wenn sie die Tür öffnet.

KAPITEL ZWÖLF

BESUCHER BEGRÜSSEN

Hunde haben ihre eigene Art, einander zu begrüßen, doch ihr Umgang mit fremden Menschen ist oft etwas korrekturbedürftig. Nicht jeder ist begeistert, wenn eine vierbeinige Kanonenkugel mit einer vorwitzigen Nase auf ihn zugerast kommt.

Stellen Sie sich eine Welt vor, in der die Hunde Anzüge tragen, in Häusern leben und die Nachbarn zum Essen einladen. Besucher dürften nicht mit einem Händedruck oder einer Umarmung rechnen. Stattdessen würden sie angesprungen und mit einer kalten Nase an intimen Körperteilen begrüßt. Gäste und Gastgeber würden sich im Kreis drehen und einander am Hinterteil beschnuppern.

Wir Menschen begrüßen unsere Gäste zwar anders, aber Hunde haben ihre eigenen Rituale, und das schon seit ewigen Zeiten. Alles, was uns daran stört, ist für einen Hund ganz normal. Hunde arbeiten mit stärkerem Körpereinsatz als Menschen. Welpen springen an ihrer Mutter hoch und lecken ihr das Gesicht. Diese Geste bedeutet: »Ich bin froh, dass du meine Mutter bist, und ich werde immer tun, was du sagst.« Auch ausgewachsene Hunde beschnuppern sich zunächst im Gesicht, um dann zum gegenseitigen Beriechen der Analregion überzugehen. Auf diese Weise machen sie sich miteinander bekannt und stellen dabei auch fest, welcher von ihnen der dominantere ist.

Was unter Hunden gut funktioniert, wird von Menschen meist als unangenehm und aufdringlich empfunden. Niemand lässt sich gern von einer kalten Nase beschnüffeln, und matschige Pfotenabdrücke auf Hose und Jacke sind auch nicht jedermanns Sache.

Dieser Lhasa Apso springt hoch, um näher an das Gesicht seiner Besitzerin heranzukommen. Wenn man das Anspringen nicht früh genug unterbindet, kann es schnell zur lästigen Angewohnheit werden.

Anspringen

Es ist süß, wenn ein Welpe, der nur ein paar Pfund wiegt und kaum Ihren Knöchel erreicht, an Ihnen hochspringt. Aber dieser süße Welpe wächst schnell heran – manche Rassen legen in nur sechs Monaten 50 Kilogramm Gewicht zu – und dann werden Sie nicht mehr lachen, wenn er Sie anspringt. Das Anspringen gehört zu den natürlichen Verhaltensweisen der Hunde, denn damit begrüßen sie ihre Artgenossen. Dass sie es auch beim Menschen tun, liegt oft an den Besitzern selbst, die es ihren Hunden unabsichtlich beigebracht haben, indem sie es entweder ignoriert oder sogar gutgeheißen haben, als der Hund noch jung war, oder indem sie beim älteren Hund einfach seufzen und es über sich ergehen lassen. Wenn Leute zu Besuch kommen, die sagen »Ach, das macht nichts. Es stört mich nicht, wenn Ihr Hund mich anspringt«, lernt er, dass es in Ordnung ist – und wird sich auch auf die nächste arme Seele stürzen, die nichts ahnend durch die Tür tritt. Hunde können nicht begreifen, dass bei einigen Leuten das Anspringen erlaubt ist, bei anderen aber nicht.

Einem Welpen das Anspringen abzugewöhnen, ist kein Problem, doch bei einem älteren Hund ist es schwierig, weil es schon zur Gewohnheit geworden ist und außerdem Spaß macht.

Versuchen Sie es mit Bestechung. Halten Sie einen Leckerbissen in Höhe der Hundenase, wenn Sie zur Tür hereinkommen. Nehmen Sie etwas, das Ihr Hund wirklich liebt und das gut riecht, und befehlen Sie ihm, sich hinzusetzen. Sie müssen schnell sein, damit Ihr Hund keine Zeit hat, sein gewohntes Ritual abzuspulen. Wenn er sich hinsetzt und Sie nicht anspringt – und wenn er den Leckerbissen will, den Sie ihm hinhalten, wird er es tun –, geben Sie ihm den Snack. Dann machen Sie kehrt und gehen Sie wieder hinaus. Kommen Sie sofort wieder herein und wiederholen Sie die Übung.

Hunde verbinden bestimmte Handlungen schnell mit einer Belohnung, vor allem, wenn diese aus Futter besteht. Es wird nicht lange dauern, bis Ihr Hund denkt: »Sie kommt heim, ich setze mich hin und kriege etwas dafür.«

Bewundern Sie die Decke. Ignorieren Sie es, wenn Ihr Hund Sie anspringt. Verschränken Sie die Arme und sehen Sie zur Decke. Mit dem Anspringen bettelt der Hund um Ihre Aufmerksamkeit. Und wenn dieser Trick nicht funktioniert, wird er sich etwas anderes ausdenken müssen.

Loben Sie schnell. Ihrem Hund das Knie in die Rippen zu stoßen, wenn er Sie anspringt, wird ihn zweifellos aufmerksam machen, doch es gibt sanftere Methoden, die darüber hinaus besser wirken. Es ist allgemein bekannt, dass es

Ein Hund als Oberkellner

In der Weinstube des Weingutes Lake Sonoma in Kalifornien ist alles vom Feinsten: Brot, Käse, die Weine, der atemberaubende Ausblick und die perfekte, schwanzwedelnde Bedienung. Thunder, ein siebenjähriger Labrador-Doggen-Mischling, begleitet seinen Besitzer, den Geschäftsführer des Weinguts, jeden Tag ins Büro. Er begrüßt die Besucher der Weinstube schon am Auto und führt sie dann zu ihrem Tisch. Und sollte jemand eine Serviette oder sein Portemonnaie fallen lassen, ist Thunder sofort zur Stelle, um es wieder aufzuheben.

Nachdem er im Laufe von drei Jahren täglich bis zu 200 Gäste begrüßt hat, hat er natürlich eine große Fangemeinde. Manche Gäste kommen nur wegen Thunder wieder, andere schreiben ihm sogar.

Thunders Manieren sind makellos, doch auch er ist nicht perfekt. Mit seinen 70 Kilo ist er ein begeisterter Esser, der auch gelegentlich einen Blick auf die Teller seiner Gäste riskiert. Doch obwohl er nicht bettelt, macht es den Gästen Spaß, ihm etwas zuzustecken.

Das Kommando: »Ab!«

Jeder halbwegs »zivilisierte« Hund sollte den Befehl »Ab!« kennen. Dieses einfache Kommando kann ihn von Türen, Möbelstücken und Gästen fern halten. Es zu lehren, ist nicht schwierig, und es wirkt viel besser, als die Tür zu öffnen und zu hoffen, dass sich der Hund ausnahmsweise einmal benimmt. Hier sind zwei Methoden, es ihm beizubringen.

1 Wenn Sie Besuch erwarten, legen Sie Ihrem Hund seine Leine an und lassen Sie ihn mit Halsband und Leine laufen. Wenn die Gäste dann da sind und Ihr Hund sie anspringen will, treten Sie auf die Leine. Dadurch kommt der Hund nicht so hoch, wie er geplant hat, und springt außerdem ins Halsband. Damit korrigiert er sich selbst. Wenn er keinen zweiten Versuch macht, belohnen Sie ihn für seine Klugheit und seinen Gehorsam.

2 Halten Sie Ihren Hund an der Leine. Wenn er versucht, einen Gast anzuspringen, sagen Sie streng »Ab!« und rucken Sie die Leine zur Seite. Ein Hund, der springt, hat nur zwei Pfoten auf dem Boden und ist damit nicht im Gleichgewicht. Der Ruck zur Seite zwingt ihn, seine Vorderpfoten wieder aufzusetzen. Diesen Augenblick nutzen Sie, um ihn zu belohnen.

effektiver ist, richtiges Verhalten zu belohnen, statt falsches zu bestrafen. Also ignorieren Sie die Springerei und loben Sie Ihren Hund überschwänglich, solange er auf dem Boden bleibt.

Manche Hunde springen allerdings so oft und so schnell hintereinander an einem Menschen hoch, dass sich kaum eine Gelegenheit zum Loben bietet. Dann müssen Sie das Begrüßungsritual unterbrechen. Stecken Sie eine Trillerpfeife ein und pfeifen Sie genau dann, wenn die Vorderpfoten Ihres Hundes zum ersten Mal abheben. Das wird ihn so erschrecken, dass er erst einmal nachdenken muss. Diesen Augenblick nutzen Sie, um ihn zu belohnen.

Patentrezept Wenn Sie das nächste Mal Besuch erwarten, bewaffnen Sie sich vorher mit einer Blumenspritze, gefüllt mit einer Mischung aus Wasser und Essig zu gleichen Teilen. Wenn Ihr Hund dann wie gewohnt hochspringt, spritzen Sie ihm eine Ladung ins Maul. Das Essigwasser kann ihm nicht schaden, aber es schmeckt furchtbar. Wenn Ihr Hund sich daraufhin erschrocken hinsetzt, loben Sie ihn.

Peinlich berührt

Uns kommt es merkwürdig vor (und fühlt sich auch so an), aber es gibt einen guten Grund dafür, dass Hunde fremden Menschen zwischen den Beinen herumschnuppern: Es ist ihre Art der Kommunikation. Anders als Menschen, die sich überwiegend auf ihre Augen und ihre Sprache verlassen, kommunizieren Hunde durch den Geruch. Ihr Geruchssinn ist etwa hundertmal feiner als der des Menschen, was bedeutet, dass sie Informationen sammeln können, von deren Existenz wir nicht einmal etwas ahnen. Und intime Körperteile verströmen nun einmal den informativsten Duft – das finden jedenfalls Hunde.

Es ist schwierig, einem Hund diese Art des Kennenlernens abzugewöhnen – sie gehört nun einmal zu seinem normalen Verhalten. Sie können jedoch versuchen, Ihrem Hund beizubringen, dass andere, weniger aufdringliche Arten der Kontaktaufnahme wesentlich interessanter und vor allem lohnenswerter sind. Wenn Besucher kommen, befehlen Sie Ihrem Hund sofort, sich hinzusetzen, und geben Sie ihm eine Belohnung. Er soll lernen, dass sich ruhiges Sitzen mehr lohnt, als sich eine Nase voll fremden Geruchs zu genehmigen.

Hunde, die beim Anspringen ein- oder zweimal mit einer Wasser Essig Mischung bespritzt wurden, haben ihre Lektion gelernt. Dann reicht es, ihnen die Sprühflasche zu zeigen, um sie am Boden zu halten.

Als letzten Ausweg können Sie auch zu einer aggressiveren Taktik greifen. Besorgen Sie sich eine Drucklufthupe, wie man sie auf Booten verwendet, und legen Sie sie in die Nähe der Haustür. Instruieren Sie Ihre Gäste, kräftig zu hupen, wenn Ihr Hund sie belästigt. Hunde sind daran gewöhnt, dass die Menschen sich ihr Geschnupper gefallen lassen, und sind gewöhnlich überrascht, wenn jemand etwas dagegen unternimmt. Ihre Reaktion darauf ist meistens: »He, das ist mir ja noch nie passiert«, und dann gehen sie weg. Wenn jeder Besucher auf diese Weise reagiert, wird der Hund sich schließlich eine andere Methode der Begrüßung ausdenken.

Etwas Urin als Liebesbeweis

Auch wenn es schwer zu verstehen ist, urinieren viele Hunde zur Begrüßung. In ihrer Welt sind ein paar Spritzer Urin der ultimative Respektsbeweis. Das ist auch der Grund, weshalb es nichts nützt, den Hund dafür auszuschimpfen. Er hat sich Ihnen gerade vollkommen unterworfen und wird am Boden zerstört sein, wenn Sie ihn zurückweisen. Darauf reagiert er unter Umständen noch unterwürfiger – und uriniert noch ein bisschen mehr.

Je mehr Ihr Hund sich aufregt, desto weniger sollten Sie ihn beachten. Begrüßen Sie ihn betont ruhig, denn wenn auch er dabei ruhig bleibt, wird nichts passieren. Wenn Besucher kommen, bitten Sie sie, den Hund nicht zu beachten und vor allem nicht zu streicheln.

Oder stellen Sie eine Packung Trockenfutter griffbereit neben die Haustür. Wenn Besuch kommt – oder Sie selbst nach Hause kommen –, nehmen Sie ein paar Stücke und werfen Sie sie auf den Boden, bevor Ihr Hund Zeit hatte, Harn abzusetzen. Dann gehen Sie an ihm vorbei und lassen Sie ihn in Ruhe sein Futter einsammeln. Wenn Sie das oft genug machen, wird Ihr Hund nach den Leckerbissen suchen, statt jedes Mal seine Unterwerfungs-Show abzuziehen.

Erziehung geht vor

Dass Probleme bei der Begrüßung so schwer zu korrigieren sind, liegt darin begründet, dass sie immer dann auftreten, wenn Sie eigentlich keine Zeit haben, Ihren Hund zu erziehen. Es ist schwer, sich auf seine Gäste zu konzentrieren, wenn man mit einer Hand die Tür öffnet und mit der anderen mit dem Hund ringt.

Sie können Ihrem Hund das Anspringen, Beschnuppern oder Belästigen Ihrer Besucher nur abgewöhnen, wenn Sie ihn sofort korrigieren – selbst wenn das bedeutet, dass Sie Ihre Gäste zwei Minuten vor der verschlossenen Tür stehen lassen müssen. Auch wenn Ihnen das anfangs peinlich ist – so schlimm ist es nun auch wieder nicht. Schließlich gibt es in diesem Land ein paar hunderttausend Hunde, und es ist gut möglich, dass die Leute, die draußen stehen, selbst welche haben. Dann werden sie genau verstehen, was Sie zu erreichen versuchen.

Um Fremden klarzumachen, was Sie vorhaben, können Sie ein kleines Schild an der Haustür befestigen, auf dem zum Beispiel steht: »Unser Hund wird gerade erzogen. Bitte seien Sie auf alles vorbereitet!« Ihre Besucher wissen dann schon vorher, was sie erwartet, und Sie brauchen nicht so zu tun, als wäre alles in Ordnung, wenn Sie die Tür öffnen und gleichzeitig Ihren Hund am Halsband zurückreißen.

PROBLEM HUND

NAME MASCHA

RASSE LABRADOR-RETRIEVER

ALTER 8 JAHRE

WORUM GEHT ES Mascha ist ein Schelm, gutmütig und voller Zuneigung. Doch leider hat sie eine unangenehme Angewohnheit. Wenn sich jemand hinsetzt, klettert sie ihm trotz ihrer fast 40 kg Gewicht auf den Schoß. Und da Mascha grundsätzlich jeden liebt, entkommt ihr niemand – weder der Versicherungsvertreter noch der Pastor und schon gar nicht die gebrechliche Oma, die kaum Maschas Gewicht auf die Waage bringt. Ihre Besitzerin möchte Mascha nicht einsperren, doch sie weiß nicht, wie sie Mascha sonst daran hindern soll, bei jedem den Schoßhund zu spielen.

WAS TUN Wahrscheinlich wird es niemand zugeben, aber es muss jemanden in der Familie geben, der Mascha immer wieder darin bestätigt, dass es etwas Schönes ist, auf dem Schoß zu sitzen. Hunde lieben es, wenn man sie beachtet, und Mascha hat herausgefunden, dass man auf dem Schoß eines Menschen all die Liebe, Umarmungen und Küsse bekommt, die man haben will. Für Gäste ist die Situation natürlich etwas unangenehmer. Niemand will grob sein, wenn sich der Hund des Gastgebers auf ihm herumwälzt, und selbst Leute, die eigentlich keine Hunde mögen, fühlen sich verpflichtet, sie wenigstens ein paar Mal zu streicheln – und mehr Ermunterung braucht Mascha nicht.

Wahrscheinlich genießt sie es auch, dass ihre Familie jedes Mal stöhnt: »Oh, Mascha, nein!«, sobald sie ihr Kunststück vorführt. Maschas Familie muss zwei Dinge tun, um sie von ihrer Angewohnheit abzubringen. Zum einen müssen alle Familienmitglieder schwören, Mascha in Zukunft nicht mehr zu ermutigen – womit die Person, die Mascha bisher ganz gern auf dem Schoß hatte und die damit die Bemühungen der anderen unterminiert hat, ebenfalls in die Pflicht genommen wird.

Zum anderen müssen in Zukunft alle scharf auf Mascha aufpassen, wenn Gäste anwesend sind, und ihr sofort befehlen, sich hinzulegen oder sich zu setzen, sobald sie ihr nächstes Opfer anvisiert. Wenn sie gehorcht, bekommt sie einen Leckerbissen und wird von allen überschwänglich gelobt. Von nun an soll das Sitzen auf dem Boden wahre Begeisterungsstürme auslösen und nicht länger das Hochkriechen an nichts ahnenden Gästen.

KAPITEL DREIZEHN

Vom Umgang mit Postboten

Postboten müssen sich häufig bellenden Hunden entgegenstellen. Das sollte eigentlich nicht ihr Job sein. Hunde dagegen betrachten es als ihren Job, ihr Revier zu verteidigen. Diese unterschiedlichen Dienstauffassungen zu versöhnen, ist nicht immer leicht.

Für Molly, die zehnjährige Labradorhündin, ist 11 Uhr die beste Zeit des Tages. Jeden Morgen um diese Zeit sträubt sich ihr Nackenhaar, ihre Ohren stellen sich auf und drehen sich nach vorn, ihr Schwanz peitscht hin und her, und dann fängt sie an zu bellen, dass man es drei Häuser weit hört.

Es ist der Postbote, genau wie gestern. Er will nichts weiter als ein paar Briefe durch den Briefschlitz werfen, doch Molly sieht das anders: Er ist ein Eindringling, der von ihrer Haustür verschwinden soll, wenn ihm sein Leben lieb ist. Was er natürlich auch tut. Dann macht Molly, immer noch aufgeregt, aber doch zufrieden, erst einmal ein Nickerchen. Es ist ein stressiger Moment in ihrem Leben – und in dem des Postboten –, doch am nächsten Tag wird das Spiel von vorn beginnen.

Erfolg macht süchtig

Fast alle Hunde regen sich auf, wenn der Briefträger kommt. Zum Teil liegt das daran, dass sie denken: »Da draußen ist jemand. Ich will auch raus.« Doch Hunde wollen auch ihr Revier verteidigen. Sie können nicht begreifen, dass Fremde zum Leben der Menschen nun einmal dazugehören. Sie wurden seit Tausenden von Jahren darauf gedrillt, ihren Menschen treu zu sein und sie zu beschützen. Für sie ist jemand, der ihnen nicht vorgestellt wurde, automatisch eine Bedrohung und sie kämen nie auf die Idee, sich ruhig hinzusetzen und abzuwarten, was der Eindringling wohl vorhaben mag.

Der Dobermann ist ein Schutzhund und neigt deshalb mehr als andere Rassen zum Verbellen von Fremden. Auch ein Dobermann kann lernen, still zu sein, doch er wird sich nur selten völlig entspannen.

Auch wenn der Postbote jeden Tag kommt, benimmt sich der Hund, als wäre es das erste Mal. Der Grund dafür ist, dass er jeden Tag Erfolg hat. Der Postbote nähert sich, der Hund bellt, und der Postbote verschwindet wieder. Der Hund ist stolz auf seine Leistung – und das Verhaltensmuster prägt sich mit jedem »Erfolg« tiefer ein.

Wenn Hunde Menschen wären, brauchten sie eine Therapie, denn sie wären vermutlich Kettenraucher oder litten unter Waschzwang. Hunde sind absolute Gewohnheitstiere, und je öfter sie etwas wiederholen, desto zwanghafter wird diese Handlung.

Wenn Sie keine Nachbarn haben, Ihr Briefträger nicht zu den nervösen Typen gehört und Ihre Haustür mehr oder weniger unzerstörbar ist, ist diese Marotte Ihres Hundes kein Problem. Aber das wutentbrannte Bellen kann, wenn es laut genug ist und lange genug anhält, so ziemlich jeden in den Wahnsinn treiben. Zumal es sich Tag für Tag wiederholt – außer sonntags natürlich.

RASSENSPEZIFISCHES

Fast alle Hunde bellen, wenn sich jemand dem Haus nähert, doch bestimmte Rassen – z. B. Dobermann, Schäferhund und Rottweiler – bellen am lautesten und längsten, weil sie zum Beschützen und Bewachen ihrer Besitzer gezüchtet wurden.

Für Ruhe sorgen

Es ist nicht leicht, dem Hund beizubringen, dass er die Ankunft des Postboten gelassen erträgt. Zum einen sind viele Leute tagsüber nicht zu Hause und haben keine Gelegenheit, ihren Hund zum Schweigen zu bringen, und zum anderen bellen Hunde schon seit ein paar tausend Jahren Eindringlinge an, und es ist unwahrscheinlich, dass sie gerade jetzt damit aufhören.

Hunde mit einer so tief verwurzelten Gewohnheit müssen irgendwie korrigiert oder abgelenkt werden, damit sich ihr innerer Autopilot abschaltet. Sie müssen also etwas unternehmen, das ihr Verhaltensmuster durchbricht.

- In Zoogeschäften und im Versandhandel gibt es ein relativ simples Gerät mit einem Sensor und einem Verstärker. Wenn der Hund bellt, bellt das Gerät zurück, sehr laut und in einer Tonlage, die Hunde nicht leiden können.
- Eine andere Möglichkeit ist es, den Hund mit einem Halsband auszustatten, das bei jedem Bellen einen starken Zitronenduft ausströmt. Hunde mögen diesen Geruch nicht, und das Zischen beim Ausstoß lenkt sie vom Bellen ab. Irgendwann werden sie außerdem feststellen, dass es ihr Gebell ist, das diesen üblen Geruch verursacht.
- Wenn Kosten keine Rolle spielen, können Sie auch in Bewegungsmelder investieren, die ein schrilles Pfeifen auslösen, wenn der Hund sich Fenstern oder der Tür nähert. Das hindert ihn effektiv daran, den Postboten kommen oder gehen zu sehen.
- Die billigste und einfachste Lösung ist, ein paar Pfennigstücke in eine leere Getränkedose zu füllen und sie mit einem Stück Klebeband zuzukleben. Wenn Ihr Hund anfängt, den Postboten anzukläffen, werfen Sie die Dose in seine

Richtung und sagen Sie »Ruhe!«. Das Gescheppper wird ihn veranlassen, sein Gebell zumindest für einen Moment zu unterbrechen. Wenn Sie diese Methode regelmäßig anwenden, lässt Ihr Hund das Gebell vielleicht irgendwann ganz sein.

Planen Sie voraus

Da Hunde Gewohnheitstiere sind, ist es viel sinnvoller, mit ihnen zu arbeiten, bevor sie herausfinden, wie viel Spaß es macht, den Postboten anzubellen. Hier ein paar Tipps zur Vorbeugung:

Den Blick versperren. Viele Postboten sind genauso leise, wie Ihr Hund laut ist, was bedeutet, dass der Hund erst merkt, dass die Post kommt, wenn er den Zusteller zur Haustür gehen sieht. Manchmal reicht es schon, wenn Sie Jalousien oder Vorhänge zuziehen, bevor Sie zur Arbeit gehen. Oder Sie stellen Bücherregale oder andere Möbelstücke so auf, dass sie Ihrem Hund die Sicht versperren.

Das Selbstvertrauen stärken. Hunde haben den natürlichen Drang, ihren Besitz zu verteidigen, aber sie sind auch gesellige Tiere, denen Freunde willkommen sind. Sie müssen also dafür sorgen, dass Ihr Hund den Postboten als Freund ansieht. Bleiben Sie ein paar Tage zu Hause. In dem Moment, in dem Ihr Hund den Postboten bemerkt, lassen Sie ihn sich setzen und geben Sie ihm einen Leckerbissen. Die meisten Hunde sind mehr am Futter interessiert als am Verbellen des Briefträgers. Und wenn sie sich erst einmal daran gewöhnt haben, still zu sitzen – und zu fressen –, wenn sich jemand der Tür nähert, werden sie auch gelassen bleiben, wenn jemand kommt, während sie allein sind.

Hunde können nicht gleichzeitig fressen und bellen, wie dieser Schäferhund bestätigen kann. Wenn Sie zur Postzeit zu Hause sind, geben Sie Ihrem Hund etwas zum Naschen, um ihn von dem »Eindringling« abzulenken.

Unterschiede machen

Ein Grund dafür, dass Postboten ein so schweres Leben haben, ist die Tatsache, dass viele Leute Angst haben, den Schutztrieb ihres Hundes zu beschneiden. Doch das ist unbegründet. Hunde, die gelernt haben, ruhig zu bleiben, wenn der Postbote kommt, können immer noch ausgezeichnete Wachhunde sein. Hunde erkennen den Unterschied zwischen einem normalen Besucher und einer Bedrohung. Es muss nicht sein, dass Ihr Hund sein Heim auch gegen den Briefträger verteidigt. Ihn hierbei zu korrigieren, bedeutet nur, ihn Unterschiede zu lehren, doch seinen Schutztrieb wird es nicht verderben.

KAPITEL VIERZEHN

Tischmanieren

Essen ist eine der großen Freuden des Lebens und Hunde genießen sie in vollen Zügen. Doch manchmal treibt ihr Appetit sie dazu, Verbotenes zu tun, wie etwa zu stehlen oder am Tisch zu betteln. Dann ist es an der Zeit, an ihren Tischmanieren zu arbeiten.

Manchmal bietet das Schicksal einem Hund einen Leckerbissen an, dem er einfach nicht widerstehen kann. So z. B. Filets mit Schinken und Käse, sauber aufgereiht auf dem Küchentisch und kein Wachtposten weit und breit. Die Versuchung war auch für Franzi zu groß, die mollige gelbe Labradorhündin, die es schaffte, drei der vier rohen Cordons bleus zu verschlingen, während ihr Besitzer am Telefon war. Danach verzog sich Franzi in den Garten und rannte dort eine Weile herum, bis sie sich schließlich übergab.

So viel zu den Benimmregeln. Franzi hat in weniger als 15 Minuten gleich dreimal gegen die guten Sitten verstoßen: erst Diebstahl, dann Völlerei und schließlich noch die Verschwendung von gutem Essen. Und das Schlimmste ist, dass sie es jederzeit wieder tun würde, sobald sich ihr die Gelegenheit dazu bietet.

Für Hunde gelten andere Etiketteregeln als für Menschen, vor allem beim Essen. Menschen betrachten eine Mahlzeit als geselligen Anlass, und die Rücksicht auf andere hat höchste Priorität. Hunden dagegen geht es ausschließlich darum, so viel zu fressen, wie möglich. Für sie ist es ganz normal, zu betteln, zu stehlen, viel mehr als nur ihren Anteil zu vertilgen und dabei einen Teil ihres Futters auf dem Fußboden zu verteilen.

Mehr als nur eine Mahlzeit

Wenn man die Entwicklungsgeschichte des Hundes betrachtet, machen seine Essmanieren – oder vielmehr deren Fehlen – durchaus Sinn. Hunde waren Jäger und Aasfresser, die auf körperliche Kraft und Einfallsreichtum angewiesen waren, wenn sie überleben wollten. Ihre erste Regel war: »Wenn du es fangen kannst, gehört

RASSENSPEZIFISCHES

Labradore räumen nicht öfter den Mülleimer aus als andere Rassen, doch sie werden oft verdächtigt, weil sie so schuldbewusst aussehen. Genau wie Dackel, Basset (links) und Beagle hat der Labrador einen langsamen Stoffwechsel, der ihn zunehmen lässt, selbst wenn er nicht gesündigt hat.

es dir.« Und die zweite: »Iss alles auf, wer weiß, wann es wieder etwas gibt.« Was die Ernährung betrifft, gehen Hunde von bestimmten Voraussetzungen aus, die ihre Besitzer nicht teilen.

Das Futter ist knapp. Auch wenn sich die Hunde heutzutage keine Sorgen mehr darüber machen müssen, woher sie ihre nächste Mahlzeit bekommen, teilen sie noch immer die Einstellung ihrer wilden Vorfahren, die gewöhnlich nur alle zwei bis drei Tage etwas zu fressen bekamen. Natürlich haben sie sich bei solchen Gelegenheiten bis zum Platzen voll gefressen.

Essen ist Macht. Ursprünglich lebten Hunde in gut organisierten Rudeln, in denen jedes Tier seinen Platz innerhalb der Rangordnung einnahm. Wenn das Rudel Beute machte, wurde in der Reihenfolge der Rangordnung gefressen. Unsere Haushunde scheinen sich über ihre soziale Stellung innerhalb der Familie keine Gedanken zu machen, aber manchmal artet die Fütterung doch in einen Machtkampf aus.

Hunde wurden erst vor rund 10 000 Jahren domestiziert. Vielleicht werden sie irgendwann ihre ererbte Einstellung zum Futter verlieren und es eher mit den Augen eines Menschen sehen. Doch bis es so weit ist, bleiben sie Hunde, die von Natur aus keine Tischsitten haben. Sie müssen durch sanften Zwang oder mit Hilfe von Tricks lernen, manierlich zu fressen. Wie Sie dieses Problem angehen, hängt zum einen von der Persönlichkeit Ihres Hundes ab und zum anderen davon, was Sie korrigieren wollen.

Betteln

Da Hunde ständig Hunger haben, sind einige von ihnen zu raffinierten Bettlern geworden. Die wenigsten Leute können ihr Essen genießen, wenn der Hund sie mit seinem herzzerreißenden Blick fixiert und so tut, als wäre er dem Hungertod nahe. Auch wenn Ihr Hund ohnehin fünf Kilo Übergewicht hat und erst vor einer Stunde sein Futter bekam – er wird zur Essenszeit auf der Matte stehen. Er weiß genau, dass Sie nicht widerstehen können, wenn er den Kopf schief hält, die Nase senkt, Sie unverwandt ansieht – oder was immer sein Trick sein mag.

Das Betteln ist ein weit verbreitetes Problem, und es lässt sich leicht korrigieren. Hunde tun das, was einmal funktioniert hat, immer wieder. Wenn sie am Tisch betteln und dafür belohnt werden, werden sie es wieder versuchen. Merken sie allerdings, dass ihre Tricks nichts mehr bringen, geben sie sie allmählich auf. Diese dreiteilige Strategie wirkt bei jedem Hund:

1. Füttern Sie Ihren Hund nur aus seinem eigenen Napf. Hunde gehen dorthin,

Für Hunde ist Futter auch ein Symbol für Macht. Dieser dominante Viszla macht sich bereit, seinen Kameraden vom Futter zu verdrängen.

wo ihr Futter ist. Und wenn sie daran gewöhnt sind, dass das Futter am Tisch aus Ihrer Hand kommt, werden sie sich im Esszimmer häuslich einrichten. Manche Futtermittel sollen natürlich aus der Hand gegeben werden. Gegen Hundekuchen z. B. ist nichts einzuwenden. Sie sollten nur nicht in der Küche oder an solchen Orten gegeben werden, an denen das Betteln bisher ein Problem war.

2. Füttern Sie nur Hundefutter. Es schadet dem Hund zwar nicht, wenn er gelegentlich Essensreste bekommt, und jeder Hund zieht ein Stück Steak seinem Trockenfutter vor. Doch wenn Ihr Hund erst einmal weiß, wie lecker die Sachen auf Ihrem Teller sind, wird er nichts unversucht lassen, ihrer habhaft zu werden.

3. Lassen Sie sich nicht erweichen und zögern Sie nicht, einfach wegzugehen. Sie müssen das Starren ignorieren. Wenn Sie Ihren Hund ansehen, während er bettelt, machen Sie ihm Hoffnung. Aber wenn Sie ihn nicht einmal zur Kenntnis nehmen, wird ihm klar, dass er nur seine Zeit verschwendet.

Stehlen

Manche Hunde tun es vor den Augen ihrer Besitzer. Andere warten, bis alle den Raum verlassen haben oder schlafen – und plötzlich verschwindet ein belegtes Brot vom Teller. Der Mülleimer wird umgekippt und gründlich durchstöbert. Ein Kind passt einen Moment lang nicht auf, und sein Eis ist verschwunden.

Wenn Hunde Recht sprechen müssten, wäre Mundraub nicht strafbar, weil jeder Hund gelegentlich etwas Fressbares stiehlt und manche es sogar ständig tun. Das lässt sich zurückführen auf ihre Zeit in der Wildnis, in der nur gerissene Hunde eine Überlebenschance hatten.

In Büchern über Hundeausbildung liest man immer wieder, dass die Hunde korrigiert werden sollen, wenn man sie auf frischer Tat ertappt. Natürlich will jeder Hund seinem Besitzer gefallen, und manchmal reicht ein strenges »Nein!« sogar aus, um ihn an seine Manieren zu erinnern. Doch Futter ist eine sehr verlockende Belohnung, ob es nun freiwillig gegeben oder

HILFERUF

Es kommt nicht selten vor, dass sich Hunde Zugang zu ihrem Futtervorrat verschaffen und innerhalb von wenigen Minuten gierig etliche Kilo Futter verschlingen. Oder sie stehlen einen ganzen Schinken. Abgesehen davon, dass sich das natürlich nicht gehört, kann es dabei aber auch zu einer lebensgefährlichen Aufgasung des Magens kommen, die schon im Laufe einer Stunde eintreten kann.

Ein sicheres Anzeichen dafür ist der ballonförmig aufgetriebene Leib. Außerdem machen die Hunde einen unglücklichen Eindruck, schnaufen oder versuchen vergeblich, sich zu übergeben. Diese Form der Aufblähung kommt überwiegend bei großen, tiefrumpfigen Hunden wie Schäferhunden, Doggen und Dobermännern vor und muss sofort tierärztlich behandelt werden. Sorgen Sie also dafür, dass alle Futtervorräte sicher verwahrt sind und von Ihrem Hund nicht erreicht werden können.

erbeutet wird. Einem Hund beizubringen, nicht zu stehlen, ist einfach, solange man daneben steht, aber sobald sich der Besitzer abwendet, wird sein Hund doch zuschnappen. Manche Hundeausbilder empfehlen raffinierte Methoden zum Kurieren dieser Meisterdiebe. Ihre Tricks sollen dem Hund zeigen, welche Nachteile es haben kann, etwas zu stehlen.

Verleiden Sie ihm die Arbeitsplatte. Auf die Frage, warum er Banken ausraubte, antwortete der berüchtigte Verbrecher Willie Sutton: »Weil da das Geld ist.« Dieser Logik folgen auch Hunde. Sie stehlen Essen von der Küchenarbeitsplatte, weil dort am häufigsten etwas liegt.

Da Sie die Küche nicht rund um die Uhr bewachen können, müssen Sie in die Trickkiste greifen. Kaufen Sie eine Rolle doppelseitiges Teppichklebeband und kleben Sie einen Streifen davon an den Rand der Arbeitsplatte. Dann legen Sie einen Köder aus – z. B. ein Stück frisches Brot – und warten Sie ab. Teppichklebeband ist sehr klebrig. Wenn Ihr Hund sich hochreckt, um nach dem Köder zu schnappen, treffen seine Pfoten auf das Klebeband, das ihm vielleicht auch ein paar Haare ausreißt. Wenn Sie dies ein paar Wochen lang konsequent durchhalten, wird Ihr Hund das Stehlen von der Arbeitsplatte bald aufgeben.

Mit Tabasco gewürzte Essensreste werden jeden Hund schnell davon abbringen, den Mülleimer nach etwas Essbarem zu durchstöbern.

Der Mülleimer wehrt sich. Aus der Sicht eines Hundes ist ein Mülleimer eine Art Schnellrestaurant, das rund um die Uhr geöffnet hat, leicht zu erreichen ist und wundervolle Düfte verströmt. Wenn Ihr Mülleimer nicht in einem Unterschrank eingebaut ist, müssen Sie Ihrem Hund klarmachen, dass er den Müll in Ruhe zu lassen hat. In Zoogeschäften gibt es z. B. Geräte, die nach dem Prinzip der Mausefalle arbeiten und bei denen eine Art Paddel hochschnellt, wenn sie berührt werden. Sie können ein solches Gerät oben auf den Mülleimer oder innen auf die Abfälle stellen. Wenn Ihr Hund dann den Mechanismus auslöst, wird er glauben, dass der Müll ihm auf die Nase gehauen hat, und es sich zweimal überlegen, ob er das noch einmal riskiert.

Schocktherapie. Hunde hassen laute, klappernde Geräusche. Ziehen Sie einen Faden durch ein Würstchen und binden Sie mehrere leere Getränkedosen daran fest. Wenn der Hund sich dann das Würstchen schnappt und damit wegrennt, wird das Geklapper ihn zu Tode erschrecken. Das wirkt besonders gut bei Hunden, die glauben, dass sie sich alles erlauben können, wenn sie allein zu Hause sind.

Patentrezept Eine gute Methode, dem Hund den Spaß am Stehlen zu verderben, ist es, ein paar Essensreste mit Tabasco oder rotem Pfeffer zu würzen. Sie können den Köder auf die Arbeitsplatte legen oder in den Mülleimer, je nachdem, wo Ihr Hund gewöhnlich seine Raubzüge ausführt. Das scharfe Gewürz wird ihm nicht schaden, aber es wird seine Geschmacksknospen empfindlich beleidigen. Manche Hunde entscheiden daraufhin, dass menschliches Essen für ihren Geschmack zu stark gewürzt ist, und geben das Stehlen auf.

Schlingen

Wie Menschen neigen auch Hunde dazu, von etwas, das gut schmeckt, zu viel zu essen. Doch anders als Menschen schmeckt Hunden einfach alles. Sich voll zu fressen ist einfach Hundeart. Viele Hunde hören erst auf zu fressen, wenn ihr Nährstoffbedarf längst gedeckt ist.

Diese Neigung zur Völlerei führt dazu, dass viele Hunde nicht nur permanent betteln, sondern auch Übergewicht haben. Und da ihr Verdauungssystem dem oft nicht gewachsen ist, übergeben sie sich nach einem besonders opulenten Mahl – mit Vorliebe auf Ihrem Teppich. Da der Hang zur Völlerei genetisch bedingt ist, können Sie kaum etwas dagegen unternehmen. Es gibt jedoch ein paar Möglichkeiten, den Hund zum langsameren Fressen zu zwingen und so zumindest das Erbrechen zu vermeiden.

- Eine faserreiche Ernährung führt dazu, dass der Hund sich schneller satt fühlt, obwohl er eigentlich wenig gefressen hat. Verwenden Sie entweder ein faserreiches Fertigfutter oder strecken Sie das gewohnte Futter mit gekochtem Hafermehl oder gedünstetem Gemüse.
- Geben Sie statt einer großen Mahlzeit am Tag mehrere kleine. Natürlich werden auch diese blitzschnell verschlungen, aber durch die kleine Menge wird das Verdauungssystem nicht so stark belastet.

Der Tennisball im Napf dieses Golden Retrievers wirkt als »Fressbremse«, weil er ihn zwingt, langsam um den Ball herumzufressen.

- Sie können auch einen Tennisball oder einen anderen Gegenstand in den Futternapf legen und den Hund damit zum langsameren Fressen zwingen.

Das Futter verteidigen

Von Tischmanieren kann keine Rede mehr sein, wenn ein Hund glaubt, sein Futter oder auch nur den leeren Napf verteidigen zu müssen. Das tut er nicht, weil er böse ist, sondern weil es seine Vorfahren schon getan haben und weil er damit seine Stellung innerhalb der Familienrangordnung kundtun kann. Es ist nicht schlimm, wenn ein Hund einen anderen anknurrt, der sich zu sehr für sein Futter interessiert. Aber wenn Ihr Hund das auch Ihnen gegenüber versucht, übertritt er die wichtigste Regel: Menschen sind immer die Nummer eins und sie dürfen jederzeit an den Hundenapf.

Aggressionen beim Fressen können zum Problem werden, weil sie unweigerlich auch Ag-

Um Aggressionen beim Füttern zu verhindern, sollten Sie während des Fressens dabeibleiben und damit die eigene Anführerrolle unterstreichen.

gressionen in anderen Bereichen nach sich ziehen. Die folgenden Tipps können Ihrem Hund helfen, sich zu entspannen und weniger aggressiv zu sein.

Zuerst essen die Menschen. Ihr Erbgedächtnis sagt den Hunden, dass diejenigen, die zuerst essen, die Anführer sind. Aus diesem Grund sollten Sie und Ihre Familie essen, bevor der Hund sein Futter bekommt – an einem Ort, an dem der Hund zusehen kann. Diese simple Maßnahme kann bereits dafür sorgen, dass das Geknurre am Napf aufhört.

Sehen Sie ihm zu. Bleiben Sie im Raum, wenn Sie Ihren Hund füttern. Er braucht dazu keine absolute Ruhe, und wenn Sie das Futter hinstellen und dann verschwinden, glaubt er vielleicht, dass der Raum ihm allein gehört, während er frisst.

Machen Sie keine Geschenke. Eine subtile Methode, die Aggression am Futternapf zu beenden, ist, dem Hund zu zeigen, dass er gar nichts bekommen würde, wenn es Sie nicht gäbe. Lassen Sie Ihren Hund etwas tun, bevor Sie sein Futter hinstellen. Lassen Sie ihn sitzen oder liegen. Wenn er nicht gehorcht, stellen Sie den Napf außer Reichweite und probieren Sie es ein paar Minuten später noch einmal. Irgendwann wird der Hunger siegen, und Ihr Hund hat wieder einmal gelernt, wer der Boss ist.

Patentrezept Bei den Gelegenheiten, bei denen Ihr Hund perfekt reagiert, wenn Sie in die Nähe seines Fressnapfes kommen, lassen Sie einen Leckerbissen hineinfallen. Er dient nicht nur als Belohnung, sondern zeigt dem Hund auch, dass etwas Gutes passiert, wenn Sie sich seinem Napf nähern.

Als Erster fressen zu dürfen ist bei Hunden ein Zeichen des höchsten Rangs. Dieser Terriermischling wartet nur ungern, doch er lernt gerade, dass die Menschen in der Rangordnung über ihm stehen und dass es sinnlos ist, sich vorzudrängen.

KAPITEL FÜNFZEHN

SCHLAFENSZEIT

Wenn man bedenkt, wie gern Hunde schlafen, ist es erstaunlich, wie sehr sie ihre Besitzer nachts stören können. Die folgenden Tipps können dazu beitragen, dass die Schlafenszeit wirklich eine Zeit der Ruhe ist – für den Hund ebenso wie für seinen Herrn.

Schlafen ist etwas, das Hunde perfekt beherrschen. Sie können so schnell einschlafen, dass jeder Fernfahrer neidisch wird. Die meisten Hunde verschlafen mindestens die Hälfte des Tages, und gewöhnlich gehen sie ins Bett, sobald ihre Besitzer abends das Licht ausmachen.

Unter Schlaflosigkeit leiden Hunde fast nie. Wenn es doch vorkommt, bedeutet es meistens, dass sie krank sind oder dringend nach draußen müssen. Doch obwohl Hunde so begnadete Schläfer sind, hört man in vielen Häusern nächtliche Seufzer oder das monotone Klicken von Krallen auf dem Dielenfußboden.

Manche Hunde brauchen weniger Schlaf als andere, was dazu führt, dass sie sich nachts eine Beschäftigung suchen. Andere übernehmen die Rolle des Sicherheitsdienstes und patrouillieren alle paar Stunden durchs Haus. Wieder andere laden tagsüber so viel Energie auf, dass sie nachts nicht zur Ruhe kommen. Doch unabhängig von der Ursache ihrer Schlaflosigkeit stört die Hunde dieser Zustand nicht – im Gegensatz zu ihren Besitzern, die mit einem Kissen über dem Kopf im Bett liegen.

Welpen wie dieser Norwegische Elchhund brauchen viel Schlaf, doch auch erwachsene Hunde schlafen jeden Tag bis zu vierzehn Stunden.

Nachtaktive Hunde

Da der Großteil der Hunde gut schläft – nachts, nachmittags und zu jeder anderen Tageszeit –, wundern sich die meisten Leute, wenn sie feststellen, dass ausgerechnet ihr Hund zur Gattung der Nachteulen gehört. Bei manchen Hunden geht die innere Uhr vor, doch die meisten nächtlichen Wanderungen sind ein Zeichen dafür, dass der Hund am Tag nicht ausgelastet war. Die Mischung aus Langeweile und aufgestauter Energie ist schon beinahe eine Garantie dafür, dass der Hund nachts herumläuft und sich hin- und herwälzt. Und da die Schlaflosigkeit Ihres Hundes über kurz oder lang auch zu Ihrer Schlaflosigkeit wird, sollten Sie dafür sorgen, dass er wirklich müde ist, wenn seine Schlafenszeit naht.

Für Bewegung sorgen. Es ist erst wenige Generationen her, dass Hunde vom Bauernhof

Hunde, die den ganzen Tag schlafen, werden nachts munter. Dieser Bullterriermischling kann sich auslaufen und wird am Abend entsprechend müde sein.

in den Garten umgezogen sind. Früher wurden sie zur Arbeit eingesetzt, zum Hüten von Vieh, zur Jagd und als Spürhunde; und Hunde, die den ganzen Tag über aktiv waren, hatten abends keine überschüssige Energie mehr.

Heute leben unsere Hunde ganz anders. Sie verbringen rund 80 Prozent des Tages allein und nutzen diese Zeit zum Schlafen. Hunde, die schon den ganzen Tag verschlafen haben, brauchen aber nachts keinen Schlaf mehr. Darüber hinaus sind Hunde von Natur aus körperlich aktive Tiere. Wenn sie den ganzen Tag schlafen, staut sich eine ungeheure Energie in ihnen auf. Die einzige Methode, diese Energie abzuarbeiten, ist Bewegung – und zwar viel. Fast alle Hunde brauchen mindestens zweimal am Tag 20 Minuten Bewegung, einmal morgens und einmal abends. Sehr temperamentvolle Hunde wie Labradore und Border Collies brauchen zwei- bis dreimal so viel, vor allem, wenn sie noch jung sind.

Da der Instinkt dem Hund vorschreibt, sich zu bewegen, sollte es in dieser Hinsicht keine Probleme geben. Werfen Sie einen Ball – oder einen Kauknochen oder was immer Ihr Hund bevorzugt – und nach nur einer halben Stunde wird Ihr Hund eine ganze Menge Energie verbrannt haben. Auch Spazierengehen hilft und gemeinsames Joggen ist noch besser, denn es führt Sie beide hinaus in die Welt, wo Ihr Hund viel zu sehen und zu riechen bekommt. Geistige Anregung, verbunden mit körperlicher Bewegung, ist schon fast eine Garantie dafür, dass Ihr Hund gut schläft.

HILFERUF

Mit Schlaflosigkeit haben Hunde nur selten zu tun. Ältere Hunde können aber unter einer Krankheit leiden, die kognitive Dysfunktion heißt und der Alzheimer-Krankheit ähnelt. Sie lässt die Hunde unruhig werden und verwirrt reagieren. Da Schlaflosigkeit zu den frühen Symptomen der Krankheit gehört, sollten Sie zum Tierarzt gehen, wenn sich die Schlafgewohnheiten des Hundes plötzlich auffällig ändern. Die Krankheit lässt sich zwar nicht heilen, doch es gibt Medikamente, mit denen sich zumindest die Symptome lindern lassen.

Bringen Sie ihm bei, allein zu spielen. Anders als Katzen, die Einzelgänger sind und auch allein spielen, sind Hunde Rudeltiere, die grundsätzlich alles zusammen unternehmen. Heute leben unsere Hunde nicht mehr im Rudel, doch sie haben sich noch nicht vollständig an diese Veränderung ihrer Lebensweise gewöhnt. Das ist der Grund dafür, dass Hunde, die z. B. auf dem Land viel Platz zur Verfügung haben, auch nicht mehr herumlaufen als ihre Verwandten in einer Stadtwohnung. Wenn nicht jemand hinausgeht und mit ihnen spielt, schlafen sie vor der Tür und warten darauf, dass jemand herauskommt.

Auch wenn Hunde allein nicht spielen, haben sie kein Problem damit, allein zu fressen. Diesen Tatbestand können Sie sich zu Nutze machen. In Zoogeschäften gibt es Bälle, mit denen Hunde auch dann spielen, wenn sie allein sind. Der Trick: Die Bälle können mit Trockenfutter gefüllt werden, das die Hunde natürlich riechen. Wenn sie dann den Ball herumschubsen, fällt gelegentlich ein Stück heraus, was sie dazu animiert, sich weiter mit ihrem Spielzeug zu beschäftigen. Bei entsprechend großer Füllmenge ist der Hund stundenlang in Bewegung.

Später füttern. Auch Hunde, die nachts gut schlafen, wachen oft sehr früh auf, weil ihnen der Magen knurrt – und Hunde, die ihr Frühstück haben wollen, werden sich nicht still beschäftigen, bis Sie aufwachen. Dem morgendlichen Fiepen und Nase-Stupsen nachzugeben ist jedoch ein Fehler, denn Hunde lernen aus Erfolgen. Sinnvoller ist es, abends später zu füttern, denn ein satter Hund ist ein müder Hund.

Bestechung. Wenn Ihr Hund Sie jeden Morgen weckt, legen Sie sich etwas Besonderes auf den Nachttisch – einen Kauknochen oder sein Lieblingsspielzeug. Wenn Ihr vierbeiniger Wecker dann angesaust kommt, geben Sie ihm sein Spielzeug. Auf diese Weise können Sie sich vielleicht noch ein halbes Stündchen Schlaf erkaufen.

Patentrezept Forschungen haben ergeben, dass Nahrungszusätze, die Melatonin oder Kamille enthalten, Menschen beim Einschlafen helfen. Bei Hunden scheinen sie dieselbe Wirkung zu haben. Sprechen Sie mit Ihrem Tierarzt über die richtige Dosierung für Ihren Hund.

Ein eigenes Bett

Seit mehr als 10 000 Jahren sind Hunde der beste Freund des Menschen. Sie sind nur glücklich, wenn sie sich geliebt und beachtet fühlen. Viele Hunde schlafen nicht, wenn sie nicht in der Nähe ihrer Besitzer sein können – am besten bei ihnen im Bett. Das ist kein Problem, solange Sie das Schnarchen nicht stört und Sie nichts dagegen haben, Ihr Bett mit einer vierbeinigen, haarigen Wärmflasche zu

Hunde schlafen nicht gut, wenn sie sich unbehaglich fühlen. Dieser Korb ist ein gemütliches Bett für die beiden Malteser.

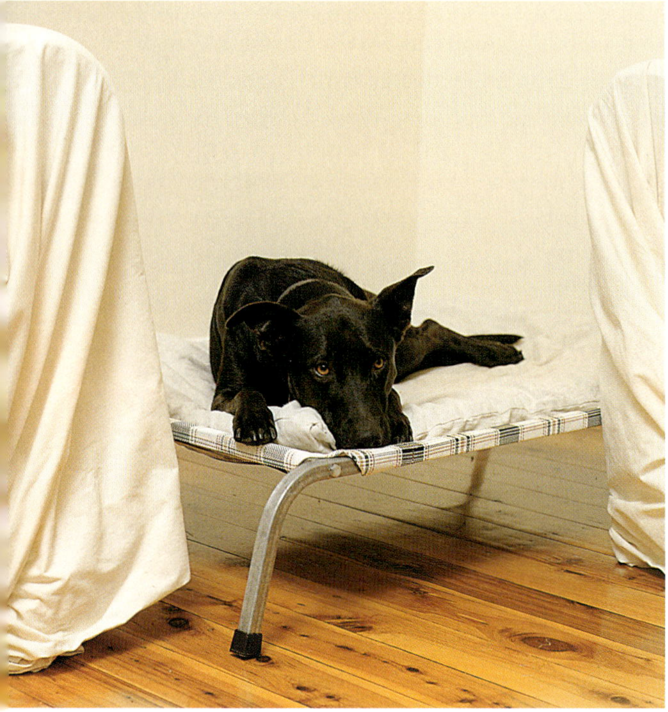

Hunde bevorzugen geschützte Schlafplätze. Das Bett dieses Kelpiemischlings steht in einer Ecke zwischen zwei Sofas. Dort fühlt er sich sicher wie in einem Bau.

teilen. Doch das ist nicht jedermanns Sache. Die unterschiedlichen Bedürfnisse – das des Menschen nach einem ungestörten Schlaf und das des Hundes nach menschlicher Nähe – unter einen Hut zu bekommen erfordert etwas Kreativität.

Bereiten Sie ihm das Bett seiner Träume. Hunde haben es gern bequem. Wenn sie keinen weichen, gemütlichen Schlafplatz haben, suchen sie sich einen – und es ist mühsam, gegen ihr Herumlaufen und Winseln anzuschlafen. Mit ihrem dicken Fell und durch die Gewöhnung in ihrer entbehrungsreichen Vergangenheit können Hunde selbst an Orten schlafen, an denen wir kein Auge zumachen würden. Ein weicher Teppich ist besser als alles, was ihre Vorfahren hatten, doch er ist nicht ideal, weil der Instinkt dem Hund diktiert, sich eine Art Nest zu bauen. In Zoogeschäften gibt es eine große Auswahl an Hundebetten, darunter auch solche, die mit duftenden Zedernspänen gefüllt sind, die fast alle Hunde mögen. Aber Sie müssen nicht unbedingt einen teuren Hundekorb kaufen. Eine mehrfach gefaltete Wolldecke in einem flachen Karton ist auch eine angenehme Schlafstätte. Hunde, die bequem liegen, neigen weniger dazu, aufzustehen und herumzulaufen.

Die persönliche Duftnote. Genau wie Menschen, die im eigenen Bett, eingekuschelt in das eigene Kissen, am besten schlafen, ruhen auch Hunde besser, wenn sie ihren gewohnten Duft um sich haben. Und der Duft, den Hunde am meisten lieben, ist der ihres Besitzers. Nehmen Sie die Decke, die Ihr Hund bekommen soll, für eine Nacht mit ins Bett, damit sie Ihren Geruch annimmt. Er wird den Hund beruhigen, wenn er allein schlafen soll.

Bauen Sie ihm eine Höhle. Hunde suchen sich gern kleine, gemütliche Ecken aus – das Ende der Couch nahe der Armlehne z. B. oder eine Zimmerecke. Auch dieser Instinkt hat seinen Ursprung in der Vergangenheit, als Hunde sich in warme Baue zurückzogen, wo sie vor Raubtieren geschützt waren. Auch Sie können Ihrem Hund ohne großen Aufwand einen solchen Bau bieten.

- Wenn Hundekorb oder -decke mitten im Raum liegen, verlagern Sie sie in eine Ecke – im Schlafzimmer, Wohnzimmer oder wo sonst Ihr

Hund schlafen soll. Schon der vermeintliche Schutz, den diese Ecke bietet, sorgt dafür, dass der Hund sich entspannt.

- Sie können Ihrem Hund den Schlafplatz gemütlicher machen, indem Sie die Möbel so umstellen, dass ein »umbauter Raum« entsteht, der so groß ist, dass er sich bequem ausstrecken kann, aber nicht so groß, dass er sich darin verloren vorkommt. Kleinere Schlafecken halten außerdem die Wärme besser.
- Sie können Ihrem Hund auch eine Transportkiste oder einen Käfig als Schlafplatz zuweisen. Hunde fühlen sich darin sicher und geborgen und für uns sind sie praktisch, weil sie leicht zu bewegen und zu säubern sind. Ältere Hunde nehmen einen solchen Schlafplatz oft nicht gern an; es empfiehlt sich, sie schon in jungen Jahren daran zu gewöhnen. Wenn das geschehen ist, suchen sie oft freiwillig ihren Käfig auf, um darin ein Nickerchen zu machen.

Ein Käfig ist kein Gefängnis, sondern ein sicherer und gemütlicher Zufluchtsort, den der Hund gern aufsucht, auch wenn er nicht schlafen will.

SCHON GEWUSST

Träumen Hunde?

Hunde können von einer Sekunde zur nächsten einschlafen, und ihren Bewegungen und Geräuschen nach zu urteilen, gibt es auch für sie ein Land der Träume.

Niemand weiß genau, wovon Hunde träumen. Vielleicht von der Kaninchenjagd, vom Schafehüten oder von einem Hundeparadies, in dem Hundekuchen auf Bäumen wachsen. Doch worum es in ihren Träumen auch gehen mag, Experten gehen davon aus, dass sie voller aufregender Witterungen sind. Anders als Menschen, die sich überwiegend auf ihre Augen verlassen und deren Träume demzufolge aus Bildern und Bildfolgen bestehen, erschnuppern Hunde die Welt und verlassen sich erst in zweiter Linie auf ihr Sehvermögen, ihr Gehör und schließlich den Geschmacks- und Tastsinn. Ein großer Teil ihres Gehirns dient der Verarbeitung von Geruchseindrücken, also ist anzunehmen, dass der Geruchssinn auch in ihren Träumen eine dominierende Rolle spielt.

Schnarchen

Wenn Sie einen Boston-Terrier, einen Mops oder einen Boxer besitzen, wissen Sie wahrscheinlich längst, dass bei diesen Rassen Schlaf nichts mit Stille zu tun hat. Diese Hunde schlafen tadellos, doch sie haben wie andere kurznasige Rassen ungewöhnlich enge Atemwege. Man könnte fast meinen, dass sie gezüchtet wurden, um penetrant zu schnarchen. Sie schnarchen so laut, dass man es selbst im Nebenzimmer noch hört – auch bei geschlos-

Hunde mit kurzer Nase wie etwa Boston-Terrier und Bulldogge schnarchen besonders laut, weil ihre Atemwege ungewöhnlich eng sind. Das erklärt auch das Pfeifen und Rasseln, das ertönt, wenn sie wach sind.

sener Tür. Wenn Sie einen dieser Schnarcher besitzen, bleibt Ihnen kaum etwas anderes übrig, als zu Ohrstöpseln zu greifen, denn an der Geräuschkulisse ist nichts zu ändern. Bei anderen Rassen gibt es jedoch Möglichkeiten, das Schnarchen zu verhindern oder zumindest einzuschränken.

Auf die schlanke Linie achten. Hunde mit Übergewicht entwickeln Fettgewebe am Hals und rund um die Luftwege. Dadurch verengen sich diese und wirken wie Windtunnel, durch die die Luft pfeift und rasselt.

Tierärztliche Hilfe bei Allergien. Selbst geringgradige Allergien – gegen Pollen, Flöhe oder anderes – können die Schleimhäute der Atemwege anschwellen lassen. Das und die gesteigerte Schleimproduktion führen ebenfalls zum Schnarchen. Oft können diese Allergien zu Hause behandelt werden, entweder, indem Sie Ihren Hund von der Allergiequelle fern halten, oder durch die Eingabe von Antihistaminen wie etwa Benadryl, die Sie beim Tierarzt bekommen.

Die Behandlung einer Allergie ist meist kein Problem. Viel schwieriger ist es, die Ursache dafür zu ermitteln. Allergien, die nur zu bestimmten Jahreszeiten auftreten, werden oft von Pollen oder Schimmelsporen ausgelöst, doch allergische Reaktionen auf bestimmte Futtermittel, Teppichfasern oder Haushaltschemikalien können das ganze Jahr über auftreten.

Patentrezept Menschen schnarchen weniger, wenn sie sich aus der Rückenlage auf den Bauch drehen. Auch Hunde werden etwas stiller, wenn Sie sie auf die Seite rollen. Natürlich wird das Problem dadurch nicht gelöst, doch zumindest haben Sie etwas Ruhe – bis Ihr Hund sich wieder auf den Rücken legt.

Hunde schnarchen besonders oft, wenn sie auf dem Rücken liegen. In der Seitenlage, wie sie dieser Kelpie eingenommen hat, ist das Schnarchen meist leiser.

PROBLEM HUND

Name ROCKY
Rasse BOXER
Alter 2 JAHRE

Worum geht es Rocky ist ein großer, fröhlicher Hund, der es liebt, mit seinen Besitzern herumzutollen. Er spielt so begeistert mit ihnen, dass er eines Tages beschloss, nicht mehr ins Bett zu gehen. Wenn das gewohnte Kommando »Geh ins Bett!« ertönt, sieht er seine Besitzer an, als sprächen sie eine Fremdsprache. Wenn dann jemand die Geduld verliert und versucht, ihn am Halsband zu führen, lässt Rocky sich auf den Rücken fallen wie ein Sack Kartoffeln. Manchmal nimmt ihn dann ein Familienmitglied auf und trägt ihn zu seinem Bett in der Küche, doch bei seinem Gewicht ist das kein Vergnügen.

Was tun Boxer sind bekannt für ihr überschäumendes, kindliches Wesen und wie die meisten Kinder wollen auch sie nicht ins Bett, solange die Eltern noch auf sind und Spaß haben. Um das Problem zu lösen, muss Rocky lernen, dass Schlafengehen etwas Schönes ist. Sein Bett muss sein Bau sein, ein ganz besonderer Ort, an dem er sich gern aufhält. Natürlich muss es sauber und bequem sein, und es würde auch helfen, wenn dort immer ein Spielzeug auf ihn wartete – am besten jede Woche ein neues. Aber auch das Bett selbst könnte ein Teil des Problems sein. Selbst wenn es weich und bequem ist und seinen Geruch angenommen hat, ist er vielleicht unzufrieden mit seiner Größe. Menschen lieben große Betten, doch Hunde bevorzugen es, wenn ihr Bett gerade groß genug ist, dass sie sich ausstrecken können, alles andere ist ihnen zu groß.

Auch die Umgebung ist wichtig. Vielleicht macht die Spülmaschine zu viel Lärm oder das Bett steht zu weit von den Schlafzimmern der Besitzer entfernt. Vielleicht gefällt es Rocky nicht in der Küche. Dann kann es helfen, das Bett in eine andere Ecke oder in ein anderes Zimmer zu stellen. Es kann auch sein, dass Rockys Zubettgeh-Ritual zu langweilig ist. Um etwas Würze in den Alltag zu bringen, könnten seine Besitzer z. B. kurz vor dem Schlafengehen noch einmal mit ihm spazieren gehen. Oder sie könnten ihm einen Leckerbissen vor die Nase halten und ihn damit in Richtung Bett locken. Hunde folgen immer ihrer Nase, und ihr Schlafplatz wird attraktiver, wenn dort etwas Essbares wartet.

☆ Kunststücke ☆

Das Licht einschalten

Im Dunkeln den Lichtschalter zu ertasten, kann ziemlich mühsam sein, vor allem, wenn man sich dazu seinen Weg durch ein Gewirr aus Möbelstücken und Bücherregalen suchen muss. Hunde sind in dieser Situation im Vorteil, weil sie sich im Dunkeln besser zurechtfinden als Menschen.Wenn Ihr Hund groß genug ist, den Lichtschalter zu erreichen, können Sie ihm beibringen, das Licht ein- und auszuschalten.

1 Stellen Sie sich in die Nähe der Wand und ermuntern Sie Ihren Hund, sich hochzurecken und die Pfoten an die Wand zu stemmen. Wenn er es tut, geben Sie ihm einen Leckerbissen.

2 Wenn er diesen Teil gelernt hat und sicher auf zwei Beinen stehen kann, klopfen Sie mit einer Hand auf den Lichtschalter und führen Sie mit der anderen seine Pfote auf den Schalter. Wenn das Licht daraufhin angeht, sagen Sie »Mach das Licht an!« und geben Sie ihm etwas zu fressen.

☆ Kunststücke ☆

Die Pantoffeln holen

Es ist kein Spaß, an einem kalten Wintermorgen auf der Suche nach den Hausschuhen auf dem kalten Fußboden herumzutappen. Lassen Sie sich von Ihrem Hund helfen! Jeder Hund kann lernen, die Pantoffeln zu bringen. Üben Sie mit einem alten Paar, denn viele Hunde geben die Schuhe anfangs nur ungern wieder her.

1 Bringen Sie Ihrem Hund zunächst die Bedeutung des Wortes »Hausschuh« bei. Werfen Sie einen Pantoffel ein Stück weit weg und sagen Sie: »Hol den Hausschuh!« Irgendwann wird er ihn aufnehmen. Bieten Sie ihm zum Tausch einen Hundekuchen an.

2 Wenn er erst einmal weiß, was Hausschuhe sind, verstecken Sie sie an einem einfachen Ort, zum Beispiel hinter einer offenen Tür oder unter dem Bett, und ermuntern Sie ihn, sie zu finden und Ihnen zu bringen. Wenn er es erst begriffen hat, werden Sie nie wieder kalte Füße haben.

☆ Kunststücke ☆

Den Vortritt lassen

Jeder Hund drängelt an der Tür – vor Aufregung oder weil er sofort hinauswill. Um Stau zu vermeiden, sollten Sie Ihrem Hund beibringen, die Menschen vorgehen zu lassen.

1 Wenn Ihr Hund an der Tür drängelt, öffnen Sie sie nicht. Versperren Sie ihm mit einem Bein den Weg und schieben Sie ihn mit den Worten »Pardon« oder »Entschuldigung« zurück.

2 Sobald er zurückweicht, loben Sie ihn überschwänglich für seine Klugheit. Dann öffnen Sie die Tür, gehen Sie hinaus und lassen Sie ihn folgen. Solange er hinter Ihnen bleibt, loben und belohnen Sie ihn für seine Geduld. Wenn er an Ihnen vorbeistürmt, behalten Sie den Leckerbissen und versuchen Sie es erneut.

☆ Kunststücke ☆

DEN MUND ABWISCHEN

Hunde haben schreckliche Tischmanieren. Sie verschwinden mit dem ganzen Gesicht im Napf, schlucken ohne zu kauen und verteilen ihr Futter über die ganze Schnauze. Jeder Hund sollte lernen, wozu Servietten da sind.

1 Geben Sie Ihrem Hund etwas Futter in den Napf – genug, um ihn zu interessieren, aber nicht so viel, dass er keinen Appetit mehr auf Leckerbissen hat. Während er frisst, wickeln Sie etwas besonders Leckeres, wie etwa ein Stück Fleisch, in ein Handtuch ein.

Wenn er aufgefressen hat und weggehen will, halten Sie ihm das Handtuch hin und sagen Sie »Wisch dir den Mund ab!«. Beim Schnuppern am Handtuch wird er sich mehr oder weniger aus Versehen den Mund abwischen. Diesen Augenblick nutzen Sie, um ihn zu loben und ihm das Fleisch zu geben.

2 Wenn Sie oft genug üben, wird Ihr Hund begreifen, dass »Wisch dir den Mund ab!« bedeutet, dass er mit der Schnauze über das Tuch reiben soll. Hängen Sie das Tuch direkt neben seinem Napf auf. Irgendwann wird er auch ohne Belohnung mit der Schnauze darüber fahren.

☆ Kunststücke ☆

Die Glocke läuten

Manche Hunde sind zu schüchtern, um zu bellen oder sich auf andere Art bemerkbar zu machen, wenn sie nach draußen müssen, was bedeutet, dass Sie ständig auf dem Sprung sind. Um das Problem zu lösen, können Sie Ihrem Hund beibringen, eine Glocke zu läuten.

1 Befestigen Sie eine mit Glöckchen behängte Schnur an der Tür, durch die Ihr Hund gewöhnlich das Haus verlässt. Reiben Sie eines oder zwei der Glöckchen mit einem Stück Fleisch ein.

2 Fragen Sie Ihren Hund »Willst du raus?« und ermuntern Sie ihn, an den Glocken zu schnuppern. Wenn er den Fleischduft riecht, wird er an den Glöckchen lecken und sie zum Läuten bringen. Öffnen Sie die Tür, loben Sie ihn und geben Sie ihm das Fleisch. Lassen Sie ihn jedes Mal hinaus und geben Sie ihm eine Belohnung, wenn die Glöckchen erklingen.

☆ Kunststücke ☆

Zum Abschied winken

Dieser Trick ist eigentlich ein Ablenkungsmanöver. Wenn es klappt, wird Ihr Hund nicht mehr zur Tür hinausflitzen, wenn Ihre Gäste gehen, sondern sich gesittet von ihnen verabschieden. Das Winken eignet sich besonders für kleine, nicht so schwere Hunde, weil es ihnen besonders leicht fällt, aufrecht sitzend das Gleichgewicht zu halten.

1 Lehren Sie Ihren Hund das aufrechte Sitzen, indem Sie einen Leckerbissen über seinen Kopf halten. Wenn er sich danach streckt, ohne sich auf den Hinterbeinen aufzurichten, geben Sie ihm die Belohnung.

2 Wenn Ihr Hund problemlos aufrecht sitzen kann, strecken Sie die Hand aus, als wollten Sie ihm die Pfote schütteln. Wenn er mit der Pfote nach Ihrer Hand greift, ziehen Sie sie zurück, sagen Sie »Wink schön!« und geben Sie ihm eine Belohnung. Heben Sie Ihre Hand bei jedem Üben ein wenig höher, dann wird er auch höher winken.

VIERTER TEIL

MIT DEM HUND UNTERWEGS

Alle Hunde verlassen gelegentlich ihre gewohnte Umgebung, und sei es nur für einen Besuch beim Tierarzt. Aber dabei braucht es nicht zu bleiben. Hunde, die sich in jeder Situation zu benehmen wissen – im Auto, in fremden Wohnungen oder Häusern, in Hotels und in der freien Natur –, werden gerne zu Ausflügen eingeladen, was jeder Hund zu schätzen weiß.

KAPITEL SECHZEHN

Im Auto

Für manche Hunde ist Autofahren ein Vergnügen, für andere dagegen eine Qual. Hier sind ein paar Tipps, die dem Hund helfen, sich an ein Leben auf der Landstraße zu gewöhnen – ohne Angst und Übelkeit.

Alle Hunde werden gelegentlich im Auto mitgenommen, und die meisten sind davon sogar begeistert – manchmal zu begeistert. Es macht Spaß, mit einem Hund unterwegs zu sein – aber nicht, wenn er auf dem Beifahrersitz steht und ständig bellt. Es gibt aber auch Hunde, die das Autofahren hassen. Sie haben Angst oder ihnen wird schlecht. Sie sind unruhig, winseln und speicheln ständig. Welcher Fahrer hat nicht schon mit dem Gedanken gespielt, den Hund in den Kofferraum zu sperren, um ein bisschen Ruhe zu haben? Doch jeder Hund kann lernen, ein besserer Mitfahrer zu sein, ganz gleich, ob er ein erfahrener Reisender ist oder ein Neuling auf diesem Gebiet. Sobald ein Hund sich im Auto wohl fühlt und weiß, wie er sich zu benehmen hat, wird er die Fahrt genießen oder sie zumindest nicht als Tortur empfinden.

Gute Erinnerungen schaffen

Die meisten Hunde haben ihre ersten Autofahrten nicht in guter Erinnerung. Sie sitzen zum ersten Mal in einem Auto, nachdem sie gerade von ihren Wurfgeschwistern getrennt worden sind und damit die einzige Familie verloren haben, die sie bis dahin kannten.

Was danach kommt, ist häufig auch nicht viel besser. Während der ersten Monate werden sie mehrmals zur Untersuchung und zum Impfen zum Tierarzt gebracht. Dabei wird ihnen vielleicht schlecht und sie sind bestimmt verängstigt. Alles gute Zureden ändert nichts daran, dass man ihnen zumutet, in eine lärmende Maschine zu steigen, die ihre Vorfahren nie gesehen haben.

Die meisten Hunde lieben das Autofahren, aber auch die anderen können lernen, es zu ertragen.

Die Menschen vergessen oft, wie merkwürdig Autos einem Hund vorkommen müssen, denn kein Hund kann verstehen, was es mit diesen Fahrzeugen auf sich hat. Sie sollten sich viel Zeit nehmen, Ihrem Hund klarzumachen, dass ein Auto ein angenehmer und spannender Ort ist. Das geht nicht von heute auf morgen, aber im Verlauf eines Prozesses, der als Desensibilisierung bezeichnet wird, verlieren die Hunde ihre Angst und fangen an, sich auf das Leben auf vier Rädern zu freuen.

- Da Hunde Futter mehr lieben als fast alles andere, sollten Sie Ihrem Hund seinen Napf auf den Rücksitz stellen oder, wenn er so ängstlich ist, dass er gar nicht erst einsteigt, direkt neben den Wagen. Dort füttern Sie ihn dann ungefähr eine Woche lang jeden Tag.
- Außerdem können Sie den Wagen mehrmals täglich für Aktionen benutzen, die der Hund verstehen kann – Leckerbissen auf die Sitze werfen und ihn auffordern, sie sich zu holen, oder in der Umgebung des Wagens mit ihm spielen. Auf diese Weise lernt er, dass ihm in der Nähe des Autos nur Gutes widerfährt.
- Sobald sich der Hund im Wagen und in seiner Umgebung wohl fühlt, setzen Sie sich ans Lenkrad, während er hinten frisst. Anfangs soll er sich nur daran gewöhnen, dass außer ihm auch Herrchen oder Frauchen im Auto sitzt. Das tun Sie mehrere Male, bevor Sie den Motor zum ersten Mal starten. Lassen Sie ihn eine oder zwei Minuten laufen und stellen Sie ihn dann wieder ab. Wiederholen Sie diese Übung mehrere Tage lang drei- oder viermal täglich.
- Inzwischen ist der Hund so weit, dass er den Wagen für einen recht angenehmen Aufenthaltsort hält. Jetzt ist die Zeit für eine kurze Fahrt gekommen, vielleicht nur bis ans Ende der Auffahrt und zurück. Wenn der Hund winselt oder andere Anzeichen von Unbehagen zeigt, sind Sie zu schnell vorgegangen.

Ein voller Napf macht jeden Hund glücklich. Dieser Golden Retriever lernt, das Auto mit erfreulichen Dingen zu assoziieren.

- Danach unternehmen Sie jeden Tag eine Ausfahrt mit Ihrem Hund und dehnen Sie die Dauer der Fahrten allmählich aus. Steuern Sie dabei immer Orte an, von denen Sie wissen, dass sie Ihrem Hund gefallen oder an denen es Leckerbissen für ihn gibt. Wenn jede Fahrt mit einem positiven Erlebnis verbunden ist, wird Ihr Hund lernen, das Autofahren zu lieben.

Gute Fahrt

Auf längeren Fahrten langweilen sich Hunde ebenso wie Kinder. Und gelangweilte Hunde benehmen sich auch wie gelangweilte Kinder – sie machen Lärm, zappeln herum und lenken den Fahrer ab. Hunde, die sich zu Hause gut benehmen, werden das auch im Auto tun, doch die anderen brauchen ein bisschen Nachhilfe.

Das kann z. B. mit dem etwas vagen Befehl »Leg dich!« geschehen. Er bedeutet: »Du kannst dich hinlegen, wo du willst, aber leg dich hin.« Hunde lernen rasch, auf diesen Befehl zu reagieren, auch wenn man zumindest anfangs noch den Ort bestimmt, an dem sie sich hinlegen sollen. Greifen Sie in das Halsband Ihres Hundes, geben Sie das Kommando »Leg dich!«, führen Sie ihn zu der Stelle, an der er sich hinlegen soll, drücken Sie ihn nieder und sagen Sie noch einmal »Leg dich«. Sparen Sie nicht mit Lob, wenn er gehorcht. Natürlich müssen Sie zuerst zu Hause üben, bevor Sie diesen Befehl unterwegs erteilen, aber die meisten Hunde lernen binnen weniger Tage, ihn zu befolgen.

Fort von zu Hause

Der Hauptgrund dafür, dass Hunde sich bei Autofahrten nicht wohl fühlen, ist vermutlich der Umstand, dass sie sich in einer ungewohnten Umgebung befinden und deshalb verunsichert sind. Gutes Zureden hilft da nicht, im Gegenteil, es kann den Hund noch mehr verunsichern, weil er denkt: »Sie ist auch nervös, also ist tatsächlich etwas nicht in Ordnung.«

Wenn Sie einen Hund dazu bringen wollen, dass er sich im Auto entspannt, setzen Sie ihn in einen Transportkorb. In der Natur haben Hun-

Hunde, die im Auto herumtoben, stellen eine Gefahr dar. Deshalb sollten Sie einen Befehl wie »Leg dich!« einstudieren, der bedeutet: »Such dir einen bequemen Platz und bleib dort!« Auch im Haus kann dieser Befehl sinnvoll sein.

Ein Transportkäfig verschafft dem Hund eine behagliche, einem Bau ähnelnde Umgebung und dient außerdem seiner Sicherheit.

de immer in einem Bau gelebt, und noch heute bevorzugen sie enge, umschlossene Räume. Der Korb riecht nach zu Hause und macht die fremde Umgebung des Autos zu etwas Vertrautem. Außerdem bietet er Schutz, denn vor allem kleine Hunde können während der Fahrt ziemlich herumgeschleudert werden.

Transportkörbe gibt es in verschiedenen Ausführungen, aus Drahtgeflecht wie aus Hartplastik oder als weiche Tragetasche. Es bleibt Ihnen überlassen, welches Modell Sie bevorzugen, doch die weichen Taschen sind leichter zu verstauen, wenn sie nicht gebraucht werden. Der Vorteil der stabileren Ausführungen ist, dass Ihr Hund auch zu Hause in dieser Box schlafen kann. Welpen nehmen solche Transportbehälter in der Regel sofort an, aber ältere Hunde machen oft einige Schwierigkeiten. Riskieren Sie nicht, erst im Auto festzustellen, dass Ihr Hund schon nach fünf Minuten Fahrt zu heulen beginnt und erst wieder aufhört, wenn Sie den Behälter öffnen. In Kapitel zwanzig erfahren Sie, wie Sie mit einem Hund verfahren, der nicht an den Aufenthalt in einem Korb gewöhnt ist.

Eine Alternative zu einem Korb ist ein Hundegurt. Solche Gurte schützen den Hund vor Verletzungen, halten ihn aber auch an seinem Platz. Das ist besonders bei längeren Fahrten wichtig, weil eine kalte Hundenase im Genick der Konzentration des Fahrers nicht gerade zuträglich ist. Außerdem suchen sich Hunde oft die ausgefallensten Schlafplätze aus – z. B. unter dem Bremspedal.

In einem Kombi können Sie auch eine Trennvorrichtung montieren, die den Personenteil des Wagens von der Ladefläche trennt. In Autozu-

Ein spezieller Hundegurt, der an einem normalen Sicherheitsgurt befestigt wird, hält den Hund während der Fahrt sicher auf seinem Platz.

Auf längeren Fahrten sollte der Hund bei jeder Pause das Auto verlassen, damit er sich erleichtern und ein wenig herumschnuppern kann.

behörgeschäften sind die verschiedensten Typen von Hundegittern erhältlich, von Nylonnetzen bis hin zu Metallgittern. Diese Abtrennungen haben den Vorteil, dass sich der Hund in dem ihm zugeteilten Raum frei bewegen kann.

Pausen

Wenn ein Hund muss, dann muss er, und die mit dem Fahren verbundenen Erschütterungen und die relativ kleine Blase der meisten Hunde bringen es mit sich, dass Sie öfter anhalten müssen, als Sie eigentlich geplant hatten. Gegen die Natur kann man nicht ankämpfen, doch Sie können Ihrem Hund helfen, ein besserer Reisegefährte zu sein, indem Sie dafür sorgen, dass der Ruf der Natur nicht allzu dringend wird.

Den Hund bei jeder Pause aussteigen lassen. Selbst wenn Ihr Hund friedlich auf dem Rücksitz schläft, sollten Sie ihn wecken, wenn Sie anhalten. Tun Sie das nicht, können Sie damit rechnen, dass er sich meldet, sobald Sie wieder losgefahren sind. Im Prinzip können Sie davon ausgehen, dass sich Ihr Hund genauso oft erleichtern muss wie Sie, doch sehr junge Hunde brauchen alle anderthalb bis zwei Stunden eine Pause; ältere Hunde können drei bis vier Stunden aushalten.

Pausen nicht zu kurz bemessen. Hunde lieben es, Gras, Bäume und die Pfosten von Verkehrsschildern zu bewässern – nicht, weil sie dringend ihre Blase entleeren müssen, sondern um für andere Hunde ihre Visitenkarte zu hinterlassen. Wenn Sie Ihren Hund wieder ins Auto verfrachten, sobald er einen Strauch am Straßenrand bewässert hat, können Sie ziemlich sicher sein, dass er kurz darauf zu winseln beginnt, weil er sich erst noch richtig erleichtern muss. Hunde denken nicht daran, ihre Gewohnheiten zu ändern, nur weil sie im Auto unterwegs sind, doch Sie können dafür sorgen, dass die Fahrt reibungsloser verläuft, indem Sie sich an die Drei-Strauch-Regel halten: Hunde sind nicht fertig, bevor sie nicht mindestens drei Mal das Bein gehoben oder sich hingehockt haben.

An den Grund für die Pause erinnern. An Autobahnraststätten machen jährlich Tausende von Hunden Station, und das bedeutet, dass es Tausende von Gerüchen gibt, die den Hund von seinem vordringlichen Geschäft ablenken können. Damit das nicht passiert, können Sie ihm beibringen, auf ein bestimmtes Kommando zu reagieren. Jedes Mal, wenn sich Ihr Hund hinkauert oder ein Bein hebt, sagen Sie etwas wie »Mach schon!« oder »Wasser marsch!«. Benutzen Sie über einen längeren Zeitraum hinweg immer dasselbe Wort, und zwar jedes Mal, wenn er sich erleichtert. Danach loben Sie ihn überschwänglich. Irgendwann wird er das Kommando mit der Aktion assoziieren und es befolgen.

Fressen unterwegs

Zu den Freuden des Reisens gehört das Kennenlernen fremder Küchen. Das ist zumindest die Ansicht der meisten Menschen. Hunde denken da anders. In Bezug auf ihr Futter sind sie eher konservativ. Wenn Sie das Hundefutter kaufen, das dort, wo Sie sich aufhalten, gerade erhältlich ist, tun Sie Ihrem Hund – oder zumindest seinem Verdauungssystem – keinen Gefallen. Auch für Sie dürfte es kein Vergnügen sein, alle zehn Kilometer anzuhalten, weil Ihr Hund Durchfall hat oder sich auf dem Rücksitz erbricht. Da Sie damit rechnen müssen, unterwegs nicht das gewohnte Futter für Ihren Hund zu bekommen, sollten Sie einen ausreichenden Vorrat mitnehmen und den Hund zu seinen gewohnten Futterzeiten damit füttern. Wasser ist weniger ausschlaggebend. Obwohl die Bäche an Rastplätzen verunreinigt sein können, wird Durchfall häufiger von Stress ausgelöst als von dem, was der Hund getrunken hat. Sie sollten aber trotzdem Wasser mitnehmen, falls Ihrem Hund unterwegs warm wird und er

SCHON GEWUSST

Weshalb strecken Hunde unterwegs den Kopf aus dem Fenster?

Es spielt keine Rolle, wo man sich befindet oder wie kalt es ist. Sobald der Hund eingestiegen ist, streckt er den Kopf zum Autofenster hinaus und lässt sich mit glücklicher Miene den Wind um die Nase wehen.

Obwohl Hunde nicht so gut sehen können wie Menschen, lieben sie es, die Welt um sich herum zu betrachten – und das geht wesentlich besser, wenn sie keine dicke Glasscheibe vor sich haben. Noch wichtiger ist, dass Hunde mit Hilfe ihres Geruchssinns »sehen«. Dadurch, dass sie den Kopf zum Fenster hinausstrecken, verschaffen sie sich ein besseres Bild von der Welt, die sie umgibt bzw. die an ihnen vorbeirauscht.

RASSENSPEZIFISCHES

Jeder Hund kann ein guter Reisegefährte werden, aber kleine Rassen wie Chihuahuas, Yorkshireterrier und Zwergpudel (rechts) sind ideal, weil man sie tragen kann. Noch bessere Gefährten sind sehr große Tiere wie Doggen und Irish Wolfhound, weil sie ein ruhiges Temperament haben und sich gewöhnlich brav hinlegen.

häufiger trinken möchte, als Sie anhalten wollen. Sie können auch einen Plastikbeutel mit Eiswürfeln in einer Kühltasche mitnehmen. Wenn der Hund einen durstigen Eindruck macht, lassen Sie ihn das Eis lecken. Das ist wesentlich praktischer, als einen Napf mit Wasser hinzustellen, das dann auf die Fußmatte schwappt.

Nervöser »Reisemagen«

Hunde, die das Autofahren nicht gewohnt sind, werden leicht reisekrank. Im Alter von neun Monaten bis einem Jahr wird ihr Magen gewöhnlich etwas robuster, aber die Aufregung und der Stress des Autofahrens in Verbindung mit den Erschütterungen des Wagens können selbst bei erfahrenen Hunden Übelkeit verursachen.

Mit leerem Magen losfahren. Wenn Sie die gewohnten Futterzeiten Ihres Hundes beibehalten möchten, sollten Sie die Reise so planen, dass er sich nicht kurz vor ihrem Antritt voll gefressen hat, sondern ihm etwa eine Stunde vor der Abfahrt eine winzige Portion anbieten, damit sein Magen beschäftigt ist. Als Ausgleich für die ausgefallene Mahlzeit können Sie ihm dann im Laufe der Fahrt hin und wieder einen Leckerbissen zukommen lassen.

Etwas Süßes anbieten. Etwas Zucker, den der Hund von einem Finger ablecken darf, beruhigt den Magen. Pfefferminz ist ein altes Hausmittel gegen Übelkeit, das auch bei Hunden zu wirken scheint. Wer viel mit seinem Hund unterwegs ist, gibt ihm alle zwei bis drei Stunden ein paar Pfefferminzbonbons.

Ingwer gegen Übelkeit. Eine weitere bewährte Medizin gegen Reisekrankheit ist Ingwer, entweder in Keksen oder in Pulver- oder Tablettenform. Viele Besitzer von Ausstellungshunden, die Tausende Kilometer im Jahr zurücklegen, schwören auf die Wirkung von Ingwerkeksen. Wenn Sie Tabletten oder Pulver verwenden möchten, nehmen Sie die für Menschen angegebene Dosierung als Anhaltspunkt. So sollte zum Beispiel ein 25 Kilogramm schwerer Hund eine Stunde vor Reiseantritt etwa die Hälfte einer Menschendosis erhalten.

Medikamente geben. Es gibt einige rezeptfreie Medikamente, die gegen Übelkeit helfen und auch Tieren verabreicht werden können, z. B. Vomex A. Geben Sie Ihrem Hund das Me-

HILFERUF

In Autos kann sich enorme Hitze aufstauen. Bei Stillstand kann die Temperatur binnen weniger Minuten auf 40 Grad ansteigen. Das kann für Hunde lebensbedrohlich sein, weil ihr inneres Kühlsystem nicht sonderlich leistungsfähig ist. Wenn ihnen zu heiß wird, können sie einen Hitzschlag erleiden, bei dem die inneren Organe versagen. Anzeichen für einen Hitzschlag sind leuchtend rotes Zahnfleisch, glasige Augen und extrem dickflüssiger Speichel. Außerdem wird der Hund stark hecheln und vielleicht auch versuchen, sich zu erbrechen. Ein Hitzschlag ist ein Notfall, der vom Tierarzt behandelt werden muss. Falls der Hund nicht sofort zu einem Tierarzt gebracht werden kann, muss er schnell abgekühlt werden, indem man sein Fell mit kaltem Wasser durchweicht, ihm feuchte Handtücher auflegt oder ihn an Eiswürfeln lecken lässt.

dikament eine Stunde vor Fahrtantritt. Zur Dosierung befragen Sie Ihren Tierarzt. Vomex A ist allerdings besser zur Vorbeugung als zur Bekämpfung von Übelkeit geeignet.

Die Aussicht verändern. Manchen Hunden wird schlecht, weil der Anblick der vorbeisausenden Landschaft Übelkeit auslösen kann. Probeweise können Sie Ihren Hund in eine Transportbox setzen und sie so aufstellen, dass die Öffnung vom Fenster abgewandt ist.

Patentrezept Fahren bei geöffnetem Fenster verschafft dem Hund frische Luft, und die hilft, den Magen zu beruhigen, und wirkt auch auf den Teil des Gehirns, der das Erbrechen steuert.

Das Hundegepäck

Vor einer längeren Autofahrt gilt es an vieles zu denken: Straßenkarten, Reservesonnenbrillen, Proviant etc. Auch Hunde können nicht ohne Gepäck reisen. Hier die wichtigsten Dinge:

- Hunde, die den Kopf zum Fenster herausstrecken, brauchen einen Augenschutz, z. B. eine Sonnen- oder Schutzbrille. Selbst bei geschlossenen Fenstern schützt eine Sonnenbrille vor ultraviolettem Licht und verhindert eine Augenreizung.
- In einem Auto kann die Sonneneinstrahlung sehr stark sein. Deshalb kann es erforderlich sein, dass Sie nicht nur sich selbst, sondern auch Ihren Hund mit einer Sonnenschutzcreme mit Lichtschutzfaktor 15 oder mehr schützen müssen. Sonnenbrandgefährdet sind vor allem Hunde mit dünnem Fell oder einem weißen Gesicht. Achten Sie darauf, keinen Sonnenschutz zu verwenden, der PAB (Paraaminobenzoesäure) oder Zinkoxid enthält, die dem Hund schaden können, wenn er die Creme ableckt.
- Im Fachhandel bekommen Sie spezielle Schonbezüge und Hundematten, die das Wageninnere vor möglichen Hunde-Pannen schützen.
- Auch eine Erste Hilfe-Ausrüstung für Ihren Hund sollten Sie dabeihaben. Sie ist im Fachhandel zu bekommen und enthält gewöhnlich Dinge wie Verbandsmaterial, Heftpflaster, ein Thermometer und rezeptfreie Medikamente z. B. gegen Erbrechen und Durchfall.
- Da es im Auto sehr warm werden kann, braucht Ihr Hund mehr Wasser als sonst. Nehmen Sie also unbedingt einen ausreichenden Vorrat mit. Empfehlenswert ist auch ein spezieller Wassernapf, der standsicherer als ein normaler Hundenapf ist. Es gibt auch Näpfe, die sich zusammenfalten lassen und weniger Platz wegnehmen.

Eine lange Fahrt mit einem Hund muss gründlich geplant werden. Einige hilfreiche Utensilien erleichtern allen Beteiligten die Reise.

PROBLEM HUND

Name DIVA

Rasse PEKINESE

Alter 6 JAHRE

Worum geht es Diva ist liebenswert und verschmust – und diebisch. Aus irgendeinem Grund stiehlt sie ständig Plüschtiere und deponiert sie hinter der Couch. Das tut sie ganz offen: Sie schnappt sich einen Stoffhasen oder einen Teddy, trägt ihn durch die ganze Wohnung und stopft ihn hinter die Couch. Zu Anfang fanden Divas Besitzer diese Marotte niedlich. Aber inzwischen hat sich das geändert, weil Divas kriminelles Tun ausgeartet ist. Mittlerweile ist sie dazu übergegangen, alle möglichen weichen Dinge zu stibitzen, darunter auch Kleidungsstücke, Geschirrtücher und Pantoffeln. Wenn die Enkelkinder ein Plüschtier nicht finden können, mag das ja noch drollig sein, wenn Divas Herrchen und Frauchen sich aber nicht anziehen können, weil ihre Strümpfe verschwunden sind, hört der Spaß auf.

Was tun Auch wenn es auf den ersten Blick den Anschein hat – Diva ist nicht in Plüschtiere oder Socken vernarrt. Ihr geht es nur darum, Aufmerksamkeit zu erregen. Wahrscheinlich hat sie ihr erstes Plüschtier nur genommen, weil es sich beim Herumtragen so gut anfühlte. Als sie dann ihre Besitzer sagen hörte »Ist sie nicht süß?«, wusste sie, dass sie einen Treffer gelandet hatte.

Pekinesen neigen dazu, Dinge aufzunehmen, und als Divas Besitzer offensichtlich begeistert waren, als sie anfing, mit Plüschtieren zu spielen, hat sie das beibehalten. Von sich aus wird Diva ihr Verhalten nicht ändern – dazu war der Erfolg zu groß. Wenn niemand darauf reagiert, dass sie etwas wegschleppt, wird es nicht lange dauern, bis sie begriffen hat, dass es die Mühe nicht lohnt. Dazu gehört natürlich eine gewisse Entschlossenheit ihrer Besitzer, denn es ist wirklich ein putziger Anblick, wenn ein kleiner Pekinese einen großen Teddybären hinter sich herschleift. Sie müssen sich einfach auf die Lippen beißen und stumm bleiben. Hunde können sehr auf ein bestimmtes Verhalten fixiert sein. Eisernes Schweigen hilft, aber Divas Besitzer müssten auch einiges verändern, z. B. die Möbel so umstellen, dass ihr Versteck nicht mehr vorhanden ist. Sie sollten ihre Schätze wegräumen und ihr den gewohnten Weg mit einem Stuhl, einem Bücherregal oder einer Topfpflanze versperren.

KAPITEL SIEBZEHN

Übernachten im Hotel

Sie benutzen den Fitnessraum nicht, sie haben Angst vor Fahrstühlen, und sie verstehen nicht, wieso Fremde – einige sogar mit Servierwagen – einfach in ihr Zimmer kommen. Hunde können sehr höfliche Gäste sein, aber nur, wenn sie wissen, was ihnen bevorsteht.

Hunde interessieren sich weder für den Zimmerservice noch für die Aussicht aus dem 15. Stock, und sie sind alles andere als glücklich, wenn sie stundenlang in einem Hotelzimmer eingesperrt sind, während ihre Besitzer sich die Stadt anschauen. Hunde in Hotels sind immer eine Herausforderung – nicht nur für ihre Begleiter, sondern auch für das Personal, das sich Beschwerden über das Gebell anhören oder zuschauen muss, wie der vierbeinige Gast an einer Topfpflanze in der Halle das Bein hebt.

Hunde, die zu Hause bellen, tun das in einem Hotel erst recht, und wenn sie zu Hause an der Couch herumkauen, dann werden sie auch in einem Hotelzimmer Schäden anrichten. Aber selbst Hunde, die sich zu Hause einwandfrei benehmen, können an einem fremden Ort nervös sein. Daran ist nicht nur die ungewohnte Umgebung schuld, sondern auch die Tatsache, dass sie viel Zeit allein verbringen müssen. Wenn sie sich dann einsam fühlen oder sich langweilen, kratzen sie an der Tür, bellen oder zerbeißen die Tischbeine.

Hunde begreifen nicht, dass die heimischen Regeln auf einmal nicht mehr gelten, nur weil sie im Hotel schlafen. Ein Hund, der jeden Morgen um Punkt 7 Uhr nach draußen gelassen wird, damit er sein Geschäft erledigen kann, wird das auch im Hotel tun wollen – auch wenn das »draußen« in diesem Fall ein mit Teppichboden ausgelegter Flur vor seinem Zimmer ist.

Das Übernachten in einem Hotel ist für die meisten Hunde eine neue Erfahrung. Gründliche Planung gewährleistet, dass sich Mensch und Hund wohl fühlen, ohne dass die anderen Gäste gestört werden.

Peinliche Pannen

Das größte Problem bei einem Hotelaufenthalt: Hunde kümmert es nicht, wo sie sich erleichtern. Dabei scheuen sie die Öffentlichkeit nicht und es kann vorkommen, dass sie eine riesige Teppichfläche mit dem Garten verwechseln. Und dann ist da all das Grünzeug in der Lobby. Es sieht nicht anders aus als normale Bäume und Sträucher und da ist es kein Wunder, wenn sich ein Hund einmal vertut.

Es empfiehlt sich, gleich bei der Anmeldung zu fragen, ob es in der Nähe hundefreundliche Plätze gibt. Ein Hotel in der Nähe des Flughafens von Chicago z. B. verfügt über einen Garten, in dem Hunde toben und die Blumen »gießen« können.

Aber ein schöner Park in der Nähe ist noch keine Garantie dafür, dass Ihr Hund nicht zwischen Ihrem Zimmer und der Halle schon eine Pinkelpause einlegen möchte. Solche Pannen lassen sich vermeiden, wenn Sie die folgenden Tipps von Hundebesitzern befolgen, die aus Schaden klug geworden sind:

In Bewegung bleiben. Hunde, vor allem Rüden, bleiben nicht einfach stehen und lassen den Harn laufen. Vorher schnuppern sie erst einmal herum. Wenn Sie auf dem Weg nach draußen auch nur ein paar Sekunden innehalten, bekommt der Hund eine Chance für den ersten Teil seines Vorhabens, und wenn das passiert, folgt der zweite Teil auf dem Fuße. Deshalb sollten Sie nicht die geringste Pause einlegen, sobald Sie Ihren Hund angeleint haben und mit ihm auf dem Weg nach draußen sind.

Der Leinentrick. Der Weg durch die Hotelhalle ist nicht mit einem gewöhnlichen Spaziergang zu vergleichen, und Sie werden vermutlich auf eine ganze Reihe von Hindernissen stoßen, z. B. auf herumstehende Leute oder geschlossene Fahrstuhltüren. Da jede Marschunterbrechung dem Hund die Gelegenheit bietet, das zu tun, was er nicht soll, müssen Sie dafür sorgen, dass er in Bewegung bleibt. Die einfachste Methode, dies zu erreichen, besteht darin, ständig

Viele Hotels haben gegen Hunde nichts einzuwenden, doch Sie sollten nicht unangemeldet aufkreuzen. Erwähnen Sie bereits bei der Reservierung des Zimmers, dass Sie in Begleitung kommen werden.

die Hand zu wechseln, in der Sie die Leine halten. Dann muss Ihr Hund sich bewegen, auch wenn Sie selbst es nicht tun.

Die Nase hochhalten. Sie können Ihrem Hund nicht beibringen, das Schnuppern zu unterlassen, wohl aber, die Nase hochzuhalten. Vor allem Rüden pflegen das Bein nicht zu heben, wenn sie nicht vorher schnuppern konnten.

1. Legen Sie eine Hand auf das Halsband oder die Leine und bereiten Sie sich darauf vor, den Kopf Ihres Hundes hochzuziehen, sobald er anfängt suchend herumzuschnuppern.

2. Geben Sie beim Hochziehen des Kopfes ein Kommando wie »Nase hoch!« und gehen Sie weiter.

3. Wenn der Hund aufschaut, um festzustellen, was Sie von ihm wollen, müssen Sie ihn sofort loben – aber ohne stehen zu bleiben. Nach einiger Zeit hat der Hund gelernt, dass »Nase hoch!« bedeutet, dass er aufschauen und dabei weitergehen soll.

Patentrezept Pannen auf Korridoren, im Fahrstuhl und in der Halle lassen sich vermeiden, wenn Sie dem Hund sein Lieblingsspielzeug geben, bevor Sie das Zimmer verlassen. Ein Hund, der sein Spielzeug im Maul trägt, achtet weniger auf seine Umgebung und hält nicht mehr nach dem nächstbesten Ort zum Beinheben Ausschau.

Für Ruhe sorgen

Hunde nehmen ihre Beschützerrolle sehr ernst, und das Bellen gehört dazu. Hunde bellen, um ihre Menschen auf Dinge aufmerksam zu machen, die neu, beängstigend oder interessant sind. Zu Hause ist das völlig in Ordnung, aber in Hotels kommt Hunden fast alles neu, beängstigend oder interessant vor. Das bedeutet, dass sie wesentlich mehr bellen als gewöhnlich, und die Gäste in den angrenzenden Zimmern beschweren sich. Schon viele Gäste mussten sich ein anderes Hotel suchen, weil ihre Hunde zu viel Lärm machten.

Hunde müssen lernen, dass sich Bellen in der Öffentlichkeit nicht gehört. »Ruhe!« zu brüllen, hilft in der Regel nicht, weil der Hund dann glaubt, Sie wollten ihn zu einem Bellwettbewerb herausfordern, und noch lauter bellt, weil er diesen Wettbewerb gewinnen will. Wesentlich wirksamer ist folgendes Vorgehen:

1. Wenn der Hund bei einem Geräusch auf dem Flur oder einem Klopfen an der Tür zu bellen beginnt, loben Sie ihn, nachdem er ein- oder zweimal gebellt hat. Schließlich ist gegen ein kurzes Lautgeben nichts einzuwenden, und Sie legen ja Wert darauf, dass er Sie vor möglichen Eindringlingen warnt. Das Lob macht Ihrem Hund klar, dass er gehört worden ist – und dass er sich nicht zu wiederholen braucht.

2. Sofort nach dem Loben geben Sie das Kommando »Sitz – und still!«. Es zwingt den Hund, sich auf Sie zu konzentrieren anstatt auf das, was seine Aufmerksamkeit erregt hat.

3. Wenn er sich gesetzt hat und still ist, geben Sie ihm etwas zu fressen, damit sein Maul beschäftigt ist und er nicht bellen kann. Außerdem empfindet er das als Belohnung für sein Schweigen.

Wenn Sie diese Übung vor Antritt Ihrer Reise ein paar Wochen lang ein- oder zweimal am Tag wiederholen, wird Ihr Hund lernen, auf Kommando mit dem Bellen aufzuhören.

Reisevorbereitung

Es gibt Hotels, die auf vierbeinige Gäste eingestellt sind und sie mit schönen Spazierwegen, Feinschmeckermahlzeiten und sogar Hundesalons verwöhnen. Viele andere dagegen lehnen es ab, Hunde aufzunehmen, weil sie schlechte Erfahrungen gemacht haben. Um keine bösen Überraschungen zu erleben, sollten Sie vor der Abreise zum Telefon greifen.

Reservierung schriftlich bestätigen lassen. Manche Hotels haben keine festen Regeln, und die Entscheidung hängt von der Person ab, die gerade an der Rezeption arbeitet. Außerdem ändern Hotels gelegentlich ihr Konzept und lassen Hunde nicht zu, auch wenn in ihrem Prospekt etwas anderes steht.

Den Hund ehrlich beschreiben. Manche Hotels haben Größenbeschränkungen. Da heißt es dann »nur kleine Hunde erlaubt«, »nur Hunde unter 15 kg« oder »Hunde unter Kniehöhe«. Vergewissern Sie sich, dass Ihr Hund den Anforderungen entspricht.

Papiere mitnehmen. Manche Hotels verlangen ein Gesundheitsattest, aber auch andere Papiere wie z. B. das Zeugnis von einem Ausbildungslehrgang können nützlich sein. Und wenn der Hund keine beeindruckenden Papiere zu bieten hat, kann er doch vielleicht das eine oder andere Kunststück vorführen, und das reicht möglicherweise aus, einen 20-Kilo-Hund in ein Hotel zu bringen, in dem nur Hunde von 12 Kilo oder weniger zugelassen sind.

Das Personal informieren. In der Regel unterrichtet die Rezeption das Personal über eingetroffene Gasthunde; es empfiehlt sich jedoch, auch selbst darauf hinzuweisen. In manchen Hotels sind die Zimmermädchen darauf eingestellt, zusätzliche Handtücher und Putzutensilien zur Verfügung zu stellen.

Großzügig sein. Beim Trinkgeld sollten Sie beim Auszug aus dem Zimmer ein paar Mark extra hinterlassen. Natürlich sind Sie dazu nicht verpflichtet, aber es ist eine nette Geste, weil der Hund für das Personal zusätzliche Arbeit bedeutet. Auch wenn er die Reise frisch getrimmt und gebadet angetreten hat, ist er immer noch ein Hund und Hunde haaren nun einmal. Das ist vor allem dann nicht zu übersehen, wenn das Zimmer mit weißem Teppichboden ausgelegt ist und Sie zufällig einen schwarzen Hund besitzen. Das Personal hat nichts gegen die Extraarbeit einzuwenden, wenn es mit einem Extratrinkgeld belohnt wird. Auf alle Fälle sollten Sie großzügig sein, wenn jemand ein Malheur beseitigen musste oder sich auf andere Weise Mühe gegeben hat. Jede spezielle Dienstleistung für den Hund verdient Anerkennung.

Spielregeln einhalten. Es kommt häufiger vor, dass Leute auf der verzweifelten Suche nach einer Unterkunft ihren Hund in ein Hotel einschmuggeln, in dem Hunde unerwünscht sind. Das ist riskant. Wenn sie erwischt werden, bittet man Sie zur Kasse, zumal wenn der Hund Schäden angerichtet hat.

Hunden, die den ganzen Tag in einem Hotelzimmer verbracht haben, fällt es schwer zu warten, bis sie beim Gassiführen endlich draußen sind. Ein Spielzeug lenkt sie ab, bis ein geeigneter Ort erreicht ist.

Kampf der Langeweile

Neue Eindrücke und Gerüche halten den Hund eine ganze Weile beschäftigt. Aber sobald seine anfängliche Neugier gestillt ist, fängt er an, sich zu langweilen, zumal dann, wenn er stundenlang allein gelassen wird. Und gelangweilte Hunde suchen nach Beschäftigung und die Resultate sind nicht immer erfreulich.

Aus der Sicht eines Hundes ist die wohl reizvollste Art, sich die Zeit zu vertreiben, das Kauen. Die verlockendsten Gegenstände in Hotelzimmern sind Fernbedienungen, Kissen und Tischbeine. Hunde lassen sich nur schwer davon abbringen, auf etwas herumzubeißen, weil es in ihrer Natur liegt, es zu tun, wenn sie sich langweilen oder nervös sind. Die einzige Abhilfe besteht darin, dem Hund etwas zu geben, womit er sich ungestraft beschäftigen kann.

Sie können z. B. ein Spielzeug mitnehmen, das bereits seinen Geruch angenommen hat. Wenn Ihr Hund kein Lieblingsspielzeug hat, müssen Sie ein wenig experimentieren, um herauszufinden, worauf er besonders gern herumkaut. Manche Hunde kauen an allem, was Sie ihnen geben. Andere bevorzugen Kauknochen aus Kunststoff. Rohleder ist auf Reisen nicht zu empfehlen, weil viele Hunde Stücke davon verschlucken, was Durchfall auslösen kann.

Sie können auch probeweise das Radio oder den Fernseher anlassen. Hunde interessieren sich zwar nicht für die Musik oder die Bilder, aber die vertrauten Klänge erinnern sie an zu Hause und helfen, Langeweile und Nervosität zu mildern. Außerdem dämpfen sie die unbekannten Außengeräusche, die Hunde beunruhigen können.

Für Hunde, die allein gelassen wurden, gibt es nichts Aufregenderes als das Erscheinen des Servicepersonals. Aber für das Zimmermädchen ist die Begegnung mit einem allzu begeisterten

Hund ein bisschen zu viel der Aufregung. Und schon so mancher Hund hat die Gelegenheit genutzt und ist aus dem Zimmer entwischt. Aus diesem Grund sollten Sie das »Bitte nicht stören«-Schild an die Tür hängen, wenn Sie Ihren Hund allein lassen.

Angenehme Nachtruhe

Hunde sind Gewohnheitstiere. Sie möchten immer zur gleichen Zeit fressen und spazieren geführt werden. Und nachts möchten sie immer am gleichen Ort schlafen. Wenn Ihr Hund einen eigenen Korb hat, sollten Sie ihn auf die Reise mitnehmen. Er braucht etwas, das ihm vertraut ist. Oft reicht bereits ein getragenes Kleidungsstück. Nichts wirkt entspannender auf einen Hund als vertraute Gerüche. Wahrscheinlich wird er sich auf dem Kleidungsstück zusammenrollen und sofort einschlafen.

Manche Leute haben nichts dagegen, wenn ihr Hund im Bett neben ihnen schläft, solange er sauber und gut erzogen ist. Hotels schätzen das weniger, aber wenn es in einem Hotel nicht üblich ist, vor dem Eintreffen eines neuen Gastes die Bettwäsche zu wechseln, sollten Sie ohnehin nicht dort absteigen.

Hotels, die nicht so gern Hunde aufnehmen, weisen oft darauf hin, dass viele Hunde Flöhe haben, und dass man diese Flöhe, wenn sie einmal im Zimmer sind, nur schwer wieder loswird. Deshalb sollten Sie sich vor dem Betreten des Hotels vergewissern, dass Ihr Hund absolut flohfrei ist. Heutzutage gibt es mehrere ungefährliche, sehr wirksame und preiswerte Mittel gegen Flöhe, und deshalb sollten diese kleinen Plagegeister kein Problem sein.

Anders liegen die Dinge beim Haaren. Jeder Hund haart ein wenig, und manche Hunde haaren gewaltig. Es ist sehr mühsam, Hundehaare von Teppichen, Polstermöbeln und Vorhängen zu entfernen. Wenn Sie wollen, dass Ihr Hund – und Tausende von anderen Hunden – wieder kommen darf, sollten Sie jeden Tag ein paar Minuten darauf verwenden, das Herumfliegen von Haaren zu vermeiden.

Wer seinen Hund im Freien oder auf dem Balkon des Hotelzimmers bürstet, verringert die Menge der Haare, die auf dem Teppich und den Möbeln landen.

- Einen stark haarenden Hund sollten Sie bürsten, bevor Sie das Hotel betreten, und wenn Ihr Zimmer einen Balkon hat, können Sie ihn dort jeden Tag bürsten.
- Nehmen Sie eine Decke oder ein Laken mit und breiten Sie es dort aus, wo der Hund schlafen soll.
- Bevor Sie das Zimmer endgültig verlassen, sollten Sie es mit einer speziellen Tierhaarbürste säubern. In Zoohandlungen bekommen Sie verschiedene Bürsten, mit denen sich Hundehaare von Teppichen und Polstermöbeln entfernen lassen.

Patentrezept Am einfachsten lassen sich Hundehaare von Teppichen und Polstermöbeln mit einem Stück Klebeband entfernen. Mit einer kleinen Rolle können Sie selbst große Flächen in kürzester Zeit enthaaren.

Der eigene Korb, die eigenen Spielsachen, die eigene Schlafdecke: alles vertraute Dinge, die einem Hund helfen, sich auch in der Fremde zu Hause zu fühlen.

Ein eigenes Plätzchen

Die am besten erzogenen und ans Reisen gewöhnten Hunde sind die, die regelmäßig auf Ausstellungen präsentiert werden. Aber diese Musterexemplare, die nie auf die Idee kämen, ein Zimmermädchen anzukläffen oder eine Praline vom Kopfkissen zu stehlen, übernachten durchweg in Transportbehältern. Die Box ist ein bequemer und vertrauter Ort, an dem sie sich wohl fühlen.

Besitzer von kleinen Hunden bevorzugen auf Reisen oft weiche Taschen, weil diese sich gut tragen lassen. Für welches Modell Sie sich auch entscheiden: Lassen Sie Ihrem Hund vor Antritt der Reise genügend Zeit, sich daran zu gewöhnen, denn ein nagelneuer »Bau« ist genauso beängstigend wie ein fremdes Hotelzimmer. In Kapitel zwanzig lesen Sie, wie man einen Hund an einen Korb oder eine Tasche gewöhnt.

Viele Hotels ziehen es vor, wenn die Hunde ihrer Gäste in Behältern gehalten werden, einige verlangen es sogar. Hunde, die gewissermaßen in einem Zwinger gehalten werden, richten in den Zimmern keine Schäden an, und die Zimmermädchen brauchen keine Angst vor ihnen zu haben. Falls es Ihnen widerstrebt, Ihren Hund einzusperren, suchen Sie sich ein Hotel, in dem dies nicht verlangt wird.

Denken Sie auch daran, morgens sehr früh mit Ihrem Hund hinauszugehen. Wer sich vor 7 Uhr auf den Weg macht, kann ziemlich sicher sein, dass die anderen Gäste nicht gestört werden. Manche Hotels verlangen auch, dass Hundebesitzer den Lastenaufzug benutzen, damit die anderen Gäste im Fahrstuhl nicht durch die Anwesenheit eines Hundes beunruhigt werden. Das gilt besonders für große Hunde.

Heutzutage geht der Trend zu immer größeren Hotels, zu denen auch oft ein großer Garten gehört. Es ist nur normal, dass Sie im Urlaub keine Lust haben, die Hinterlassenschaft Ihres Hundes wegzuräumen, und wenn Sie morgens um sechs allein im Garten unterwegs sind, fällt es leicht, das Problem einfach zu übersehen. Doch irgendwann werden beim Geschäftsführer so viele Beschwerden – oder Rechnungen für die Schuhreinigung – eingegangen sein, dass Hunde nicht länger erwünscht sind. Stecken Sie also ein paar Plastiktüten ein, wenn Sie Ihren Hund auf dem hoteleigenen Gelände ausführen.

Hundefreundliche Unterkünfte

Es gibt eine ganze Reihe von Hotels, Campingplätzen und ganzen Urlaubsorten, die buchstäblich auf den Hund gekommen sind und alles tun, um ihren Gästen und deren vierbeinigen Begleitern den Aufenthalt so angenehm wie möglich zu machen. Einige Hotels der Spitzenklasse stellen sogar bequeme Hundebetten zur Verfügung und bieten auch einen Hunde-Ausführ-Service. Der Gipfel des Luxus sind flauschige Bademäntel für Hunde, die farblich zu denen von Herrchen oder Frauchen passen.

Hundefreundliche Unterkünfte gibt es für jeden Geldbeutel. Allerdings müssen Sie etwas Zeit und Mühe aufwenden, um sie ausfindig zu machen. Hinweise und Anschriften finden Sie in Fachzeitschriften und auch in manchen Reiseführern. Auch die Automobilclubs helfen ihren Mitgliedern mit Informationen weiter.

Informationen, nützliche Tipps und Adressen zum Thema »Reisen mit Hund« finden Sie im Internet unter **www.ferien-mit-hund.de**. Hier bekommen Sie Adressen von Tierschutzvereinen, Verbänden und hundefreundlichen Ferienunterkünften und Hotels in Europa ebenso wie Tipps zu Flug- und Autoreisen, zur Ernährung auf Reisen und zum notwendigen Inhalt der Reiseapotheke. Neben den Einreisebestimmungen für Haustiere, die in Ihrem jeweiligen Urlaubszielland gelten, und einer Liste mit rund 400 Fachbüchern zum Thema Hund können Sie auch einen Kleinanzeigenmarkt aufrufen oder sich via E-Mail am Erfahrungsaustausch mit anderen Hundehaltern beteiligen.

Problem Hund

Name BRUNO
Rasse BEAGLE
Alter 5 JAHRE

Worum geht es Bruno ist schon immer ein lauter Hund gewesen, doch das Haus der nächsten Nachbarn ist ein ganzes Stück entfernt, und ihre Besitzer selbst hat das Bellen nie sonderlich gestört. Was sie dagegen stört, ist Brunos Reaktion auf die Standuhr, die sie kürzlich geerbt haben. Vom Mittag bis zum späten Abend heult Bruno die Uhr an, wenn sie schlägt, und zwar zu jeder vollen Stunde, Tag für Tag. Ihre Besitzer haben schon daran gedacht, das Schlagwerk abzuschalten, aber damit würde die Uhr viel von ihrem Reiz verlieren. Sie möchten ihr Erbstück so behalten, wie es ist, aber Brunos Heulen können sie auch nicht ertragen.

Was tun Niemand vermag zu sagen, weshalb Bruno die Uhr anheult. Manche Hunde heulen, wenn sie einen anderen Hund sehen, andere reagieren auf Sirenen – und manche offenbar auf Uhren. Es kann durchaus sein, dass das Schlagen der Uhr dem Geheul eines anderen Hundes ähnelt und Bruno sich verpflichtet fühlt, das Heulen zu erwidern. Möglich ist auch, dass es Brunos Ohren wehtut und sein Heulen eine Art Protest darstellt. Allerdings macht er keinen gequälten Eindruck, also heult er vermutlich einfach nur, weil ihm nach Heulen zu Mute ist.

»Still!« ist ein Kommando, das laute Hunde kennen müssen. Und Beagles sind als laute Hunde berüchtigt. Wenn Bruno zu heulen beginnt, sollten seine Besitzer sofort »Bruno, still!« sagen. Wenn er nicht gehorcht, folgt mit tiefer, knurrender Stimme ein »Nein«. Sobald er verstummt ist, sollte er zur Belohnung einen Leckerbissen bekommen. Auf diese Weise wird Bruno gezwungen, eine Entscheidung zu treffen. Er kann entweder seinem Heulimpuls nachgeben oder lange genug still sein, um den Leckerbissen zu bekommen. Die meisten Hunde entscheiden sich für Letzteres.

Allerdings gibt es in diesem Fall eine kleine Komplikation. Bruno heult jedes Mal, wenn die Uhr schlägt. Das bedeutet, dass seine Besitzer zu jeder vollen Stunde mit Befehlen und Leckerbissen zur Stelle sein müssen, zumindest eine Zeit lang. Nur so kann Bruno den Zusammenhang zwischen dem Befehl zum Stillsein und dem Schlagen der Uhr erkennen. Das kann lange dauern, aber eines Tages wird er aufhören, mit der Uhr zu konkurrieren.

KAPITEL ACHTZEHN

Bei Freunden zu Besuch

Selbst Gastgeber, die Hunde lieben, nehmen oft Anstoß an ihrem Benehmen, zumal dann, wenn es ein Benehmen ist, das sie ihrem eigenen Hund nicht durchgehen lassen würden. Wer seinem Hund dabei hilft, ein guter Gast zu sein, erspart sich und anderen Ärger.

Die meisten Hunde sind nur selten unterwegs, und wenn sie auf Reisen sind, kommen sie sich wahrscheinlich vor wie Touristen, die in einem eleganten französischen Restaurant mit einer unverständlichen Speisekarte und zu vielen Gabeln gelandet sind. Ein Besuch bei anderen Leuten kann selbst für Menschen manchmal heikel sein, weil in jedem Haushalt andere Regeln gelten. Das gilt erst recht für Hunde, die sich äußerst unbeliebt machen können, wenn sie aufs Sofa springen, darauf bestehen, wie üblich um 5 Uhr morgens hinausgelassen zu werden, oder gar auf einen der kostbaren Teppiche urinieren.

Diesem Sheltie ist Wasser zuwider, doch seine Gastgeber werden einen frisch gewaschenen Hund zu würdigen wissen.

Dann gibt es auch zwischenmenschliche Probleme. Leute, die sich über Ihren Besuch freuen, können Hunde vielleicht nicht ausstehen und hassen die Einschränkungen, die die Anwesenheit eines Hundes mit sich bringt. Vielleicht hatten sie einen Tag in der Stadt mit einem anschließenden Kneipenbummel bis tief in die Nacht geplant. Der Hund dagegen möchte zu bestimmten Zeiten ausgeführt werden und erwartet, dass man auch sonst viel Zeit mit ihm verbringt. Natürlich kann man sich auf Kompromisse einigen, aber das grundsätzliche Problem bleibt bestehen. Die Frage ist auch, ob der Hund im Haus der Bekannten überhaupt willkommen ist. Wenn sie tierlieb sind, werden sie sich freuen, aber in manchen Fällen kann das Mitbringen eines Hundes eine Belastung der Freundschaft darstellen. Es gibt ein paar Bereiche, die fast immer zu Konflikten zwischen Hund und Gastgeber führen. Nur wer sich dieser Probleme bewusst ist und entsprechend plant, kann gewährleisten, dass sich der Hund wohl fühlt und die Freunde auch Freunde bleiben.

Saubere Hunde willkommen

Menschen wissen, dass an anderen Orten andere Gesetze gelten, aber Hunde begreifen das nicht. Deshalb legen Ausbilder so viel Wert auf Konsequenz. Für Hunde existieren keine Grauzonen, sondern nur zwei Kategorien: erlaubt und verboten. Feinere Abstufungen liegen außerhalb ihres Denkvermögens. Zu Hause sabbern sie auf den Küchenboden und schlafen auf Kissen. Weshalb sollten sie das woanders nicht tun dürfen?

Da Hunde gar nicht daran denken, für einen Wochenendausflug ihre Gewohnheiten zu ändern, liegt es bei Ihnen, die erforderlichen Maßnahmen zu treffen. Jeder Hund hat andere Gewohnheiten, aber das größte Konfliktpotenzial dürfte seine Sauberkeit darstellen.

Bürsten wie noch nie. Selbst Leute, die Hunde lieben, hassen Hundehaare. Der Gedanke, den ganzen Tag staubsaugen zu müssen, nachdem die Gäste wieder abgereist sind, macht niemanden glücklich. Deshalb sollten Sie Ihren Hund vor der Abfahrt gründlich bürsten und bei dieser Gelegenheit auch gleich baden.

Das Speicheln in Grenzen halten. Die Natur hat Hunde ums Maul herum ein bisschen feucht gemacht. Sie speicheln beim Fressen, beim Schlafen und wenn man ihren Bauch streichelt. Ein bisschen Speicheln wird vermutlich niemanden stören, aber Sabberpfützen auf dem Parkett sind für die Gastgeber keine Freude. Mit einem Lätzchen aus der Zoohandlung oder einem Tuch, das Sie Ihrem Hund um den Hals binden, zeigen Sie, dass Sie sich des Problems bewusst sind und etwas dagegen tun. Ihre Gastgeber werden die Mühe zu würdigen wissen.

Patentrezept Wenn der Hund zu Hause auf dem Bett schlafen darf, sollten Sie eine Decke oder ein Laken mitbringen, auf das er sich legen kann. Schläft Ihr Hund in einem Korb, nehmen Sie ihn mit und stellen Sie ihn neben dem Bett auf. Dann fühlt der Hund sich sicher, und Sie laufen nicht Gefahr, die Reinigung bezahlen zu müssen.

Hund trifft Hund

Der Besuch bei einer Familie ohne Haustiere ist kein Problem. Anders liegen die Dinge, wenn Sie Ihren Hund mit der Menagerie eines anderen Haushalts bekannt machen müssen. Katzen stellen meist kein Problem dar – sie verschwinden einfach, bis die Gäste samt Hund wieder abgereist sind. Hunde dagegen müssen sich mit dem Neuankömmling auseinander setzen. Hunde sind gesellige Tiere, es gibt aber auch Fälle, in denen sie sich nicht über Gesellschaft freuen. Dann bleibt Ihnen nichts anderes übrig, als nach einem Hotel zu suchen. Befolgen Sie für das Bekanntmachen fremder Hunde ein aus drei Teilen bestehendes Ritual:

1. Die Hunde müssen sich draußen auf dem Hof oder im Garten begegnen. Das Haus ist das ureigenste Revier des in ihm lebenden Hundes,

Hunde, die stark haaren, wie z. B. Schäferhunde, sollten vor der Abreise gründlich gebürstet werden. Das entfernt zwar nicht alle losen Haare, verhindert aber, dass ganze Büschel bei den Gastgebern zurückbleiben.

und er könnte glauben, dass er es gegen den Fremden verteidigen muss. Wenn die Hunde sich draußen kennen gelernt haben und sich vertragen, können Sie sie mit hineinnehmen.

2. Bevor Sie die Hunde miteinander bekannt machen, sollten Sie sie an die Leine nehmen. Zu echten Kämpfen kommt es zwar nur selten, doch selbst ein kurzes Aufflackern von Feindseligkeit kann eine Menge Schaden anrichten – an den eigenen Nerven ebenso wie an den Hunden. Auf ein bisschen Feindseligkeit sollten Sie gefasst sein, aber in der Regel verwandelt sie sich rasch in Freundschaft oder zumindest Duldung. Wenn sich herausstellt, dass die Hunde sich nicht ausstehen können, sollten Sie Ihre Pläne ändern, denn so schnell wird sich das nicht geben.

3. Wenn sich die Hunde gegenseitig beschnuppern, sollten Sie sie in Ruhe lassen. Das ist das Äquivalent zu einem Händedruck, und nach einer oder zwei Minuten werden Sie

Ein Leben in Luxus

Im Leben eines jeden Hundes gibt es Zeiten, in denen er nicht mit der Familie auf Reisen gehen kann. Dann kann man andere Familienmitglieder, Nachbarn oder Freunde bitten, sich um ihn zu kümmern, oder ihn in einer Hundepension unterbringen.

Früher hatten Hundepensionen einen schlechten Ruf, weil sie nicht mehr boten als eng bemessene Ausläufe mit Betonboden. Inzwischen haben aber viele Besitzer von Hundepensionen und Zwingern erkannt, dass Herrchen und Frauchen Wert darauf legen, dass ihre Hunde komfortabel untergebracht sind, sinnvoll beschäftigt und gut verpflegt – wenn nicht sogar verwöhnt – werden.

In den Vereinigten Staaten gibt es spezielle Hundehotels, in denen jeder Hund seine eigene Suite hat. Außerdem wird den Tieren ein breites Spektrum von Bewegungs- und Spielmöglichkeiten einschließlich des überwachten Tobens mit anderen Hunden geboten. Für Hunde, die Wasser lieben, gibt es Planschbecken. Zusätzlich werden die Hunde mit vielen Extras verwöhnt, darunter Spielsachen, die mit Leckerbissen gefüllt sind oder einer speziellen Hunde-Eiskrem. Unter diesen Umständen ist es kein Wunder, dass manche Hunde am Ende des Urlaubs ihr Hotel nur widerwillig wieder verlassen.

Dieser Luxus hat natürlich seinen Preis, doch gibt es offenbar genügend Leute, die diesen zu zahlen bereit sind. Ein amerikanisches Unternehmen plant sogar ein Hotel mit Suiten von der Größe eines kleinen Wohnzimmers. Zur Einrichtung sollen Farbfernseher und Videokameras mit Online-Anschluss gehören, damit sich die Besitzer über das Internet davon überzeugen können, dass es ihren Lieblingen in der Nobelherberge gut geht und sie kein schlechtes Gewissen haben müssen.

wissen, ob sie sich mögen oder nicht. Wenn sich die Hunde nach der Kennenlern-Zeremonie entspannen, können Sie davon ausgehen, dass sie bereit sind, sich anzufreunden.

Heimat in der Fremde

Selbst Hunde, die das Abenteuer des Besuchs bei fremden Leuten zunächst aufregend finden, schalten oft schnell ab und verschlafen einen beträchtlichen Teil ihres Aufenthalts. Das ist für Sie natürlich die beste Lösung. Es kann aber auch passieren, dass Ihr Hund ruhelos umherwandert, Tischbeine anfrisst oder im Haus uriniert.

Da Hunde sich nur schwer wieder beruhigen, sollten Sie ein paar Minuten darauf verwenden, einen Ort zu finden, an dem sich Ihr Hund aufhalten kann, während Sie mit Ihren Gastgebern unterwegs sind. Ein Ort, an dem er sich heimisch fühlt, verringert nicht nur das Risiko, dass er Schäden anrichtet – Hunde fühlen sich auch glücklicher und sicherer, wenn sie sich in einem kleinen, überschaubaren Raum befinden.

Leute, die viel mit ihren Hunden reisen, haben oft ein Kindergitter im Kofferraum. Es passt in fast jeden Türrahmen und kann dazu verwendet werden, den Hund in einem bestimmten Teil des Hauses einzusperren. Durch das Gitter kann er sehen, was im Haus vorgeht, und das trägt viel dazu bei, seine Nervosität in erträglichen Grenzen zu halten.

Es kann sein, dass die Gastgeber vorschlagen, die Hunde – den eigenen und Ihren – zusammen einzusperren, aber das ist nicht zu empfehlen. Es kommt häufiger vor, dass Hunde, die sich in Gegenwart von Menschen gut vertragen, einander terrorisieren, sobald sie allein sind. Aber selbst

Ein Kindergitter sorgt dafür, dass der Hund sicher eingesperrt ist und trotzdem alles sehen kann.

wenn das nicht geschieht, können Größenunterschiede zum Problem werden. Sicher möchten Sie Ihren Gastgebern nicht erklären müssen, was passiert ist, als sich Ihr Riesenhund versehentlich auf seinen kleinen Gefährten gesetzt hat.

Hunde unterschiedlicher Größe können auch andere Probleme mit sich bringen. Eine Hundebesitzerin benutzte den Anbindering im Garten der Gastgeber für ihren eigenen Hund, einen Sheltie. Niemand hatte bedacht, dass er wesentlich kleiner war als der heimische Hund – so viel kleiner, dass ihm der Ring das Halsband abstreifte. Die Besitzerin fand ihn auf der Straße wieder – auf dem Marsch nach Hause.

Tischmanieren

Hunde scheren sich weder um Gabeln und Servietten noch darum, ob sie mit offenem Maul kauen oder nicht. Und weil sie so ziemlich alles fressen, braucht man sich auch keine Gedanken darüber zu machen, was man ihnen vorsetzt. Wenn ein Hund allein frisst, gibt es keine Probleme. Anders liegen die Dinge, wenn noch andere Tiere im Haus sind. Dann kann es Komplikationen geben.

Konkurrenz. Für Hunde ist Fressen etwas, das man in Gesellschaft tut, aber die Gesellschaft beschränkt sich auf das Zusammensein am gleichen Ort. Davon abgesehen ist sich jeder selbst der Nächste und verteidigt sein Fressen.

Mundraub. Bei Menschen gebietet es die Höflichkeit, darauf zu achten, dass alle ihren Teil bekommen. Bei Hunden dagegen gilt: Alles so schnell wie möglich hinunterschlingen, um dann den anderen das Fressen wegzunehmen.

Katzenfutter. Wenn ein Hund die Wahl hat, entweder das Futter eines anderen Hundes oder das einer Katze zu stehlen, entscheidet er sich immer für das Katzenfutter, und zwar aus zwei Gründen. Die Katze kann ihm nichts anhaben, wenn sie ihn erwischt, und außerdem halten Hunde Katzenfutter für sehr schmackhaft.

Unerfreuliche Begleiterscheinungen. Die Kombination von Nervosität, Aufregung und fremdem Futter führt oft zu Verdauungsstörungen. Durchfall auf dem Teppich ist schon zu Hause unerfreulich, doch wenn es im Haus von anderen Leuten passiert, ist es ungeheuer peinlich. Nehmen Sie also vorsichtshalber einen ausreichenden Vorrat des gewohnten Hundefutters mit. Achten Sie auch darauf, dass Ihr Hund getrennt von den Hunden des Gastgebers frisst, auch wenn diese das für unnötig halten. Wahrscheinlich werden sie sich vertragen, vielleicht aber auch nicht. Weshalb ein Risiko eingehen?

Der Ruf der Natur

Man sollte meinen, dass Laternenpfähle überall gleich sind, aber Hunde wissen es besser. Und kein Hundehalter vermag zu begreifen, weshalb sein Hund darauf besteht, an diesem Laternenpfahl das Bein zu heben und an jenem nicht.

Hunde, die auf dem Land aufgewachsen sind und ihr Geschäft auf Gras zu erledigen pflegen, könnten sich bei einem Besuch in der Stadt weigern, es auf Beton zu tun. Im umgekehrten Fall gilt das Gleiche: Stadthunde halten nichts von Gras oder Erde. Aber da sie nur eine gewisse Zeit aushalten können, bedeuten verpasste Gelegenheiten beim morgendlichen Ausführen, dass sie sich später im Haus erleichtern. Wenn Sie solche Pannen vermeiden wollen, müssen Sie geduldig sein und sich einiges einfallen lassen. Hier sind ein paar Tipps, die Sie ausprobieren können:

Gassi mal zwei. Wenn Sie Ihren Hund normalerweise zweimal am Tag ausführen, sollten Sie es während eines Besuchs bei Bekannten viermal tun. Dadurch erhält der Hund mehr Gelegenheit, sich mit der Umgebung vertraut zu machen und sein Geschäft zu erledigen.

Die besten Plätze finden. Hunde wollen nichts Neues entdecken, sondern Dinge finden, die ihnen vertraut sind. Wenn Sie z. B. auf dem Land zu Hause sind, sollten Sie bei einem Besuch in der Großstadt Ausschau nach einem Park halten. Hunde wissen alles zu schätzen, was sie an zu Hause erinnert.

Umgang mit Kindern

Wie Hunde auf Kinder reagieren und umgekehrt, lässt sich nie vorhersagen. Es kann sein, dass der Hund lediglich »He, ich mag dich« sagen will und die Kinder, die nicht an Hunde gewöhnt sind, schreiend davonlaufen. Hier ein paar Vorschläge, wie Sie unerfreuliche Szenen verhindern können:

Den Kindern sagen, dass sie sich langsam bewegen und mit tiefer Stimme sprechen sollen. Von ihren wild lebenden Vorfahren haben Hunde leider die Überzeugung geerbt, dass Geschöpfe, die quieken und sich schnell bewegen, jagdbares Wild sind. Deshalb kann es passieren, dass sie kleinen Kindern mit ihren hohen Stimmen und ihrer unbändigen Energie mehr Aufmerksamkeit widmen, als Ihnen lieb ist. Sofern der Hund nicht an Kinder gewöhnt oder sehr gut erzogen ist, müssen Sie den Kindern klarmachen, dass sie sich langsam bewegen und die Stimme so weit wie möglich senken müssen.

Sich groß machen. Aus der Sicht eines Hundes sind Kinder in Anbetracht ihrer geringen Größe und ihrer piepsigen Stimmen leicht mit Welpen zu verwechseln, auf die man keine Rücksicht zu nehmen braucht. Deshalb sollten Sie zumindest anfangs darauf achten, dass die Kinder aufstehen, wenn der Hund in der Nähe ist. Das lässt sie größer und imponierender erscheinen. Die Versuchung, sich auf alle viere niederzulassen und mit dem Hund zu spielen, ist für Kinder sehr groß, aber dadurch kommen sie dem Hund kleiner und schwächer vor, und manche Hunde nutzen instinktiv die Gelegenheit, ihnen ihre Überlegenheit zu beweisen.

Unterm Kinn kraulen. Hunde lieben es nicht, wenn Menschen, die sie nicht kennen, ihren Kopf tätscheln. Sie sehen darin einen Akt der Dominanz, den sie gar nicht schätzen, zumal bei Kindern. Unter dem Kinn kraulen ist in Ordnung.

Eine Befehlskette aufbauen. Gehorsamsübungen machen keinen Spaß, sind aber die beste Methode, einen Hund zu lehren, dass er allen Menschen zu gehorchen hat, auch den kleinen. Es lohnt sich, fünf Minuten darauf zu verwenden, den Kindern ein paar einfache Kommandos wie »Sitz!« oder »Platz!« zu erklären. Der Hund wird rasch begreifen, dass er die Kinder ernst nehmen muss.

KAPITEL NEUNZEHN

Ausflüge

In der freien Natur können sich selbst die zahmsten Stadthunde in wahre Energiebündel verwandeln. Mit etwas Training und ein paar Tricks können Sie dafür sorgen, dass der Ausflug zu einem Vergnügen für alle Beteiligten wird.

Hunde, die ihr ganzes Leben in der Stadt verbracht und immer nur dieselben paar hundert Meter Bürgersteig beschnuppert haben, sind wie ausgewechselt, wenn man sie auf einen Ausflug ins Grüne mitnimmt. Sie genießen die frische Luft und das offene Land und drehen beinahe durch, wenn sie die unzähligen interessanten Gerüche wahrnehmen, die für ihre Vorfahren zum Alltag gehörten.

Auch den besterzogenen Hunden fällt es schwer, sich zu beherrschen, und viele versuchen es gar nicht erst. Sobald sie aus dem Auto herausgesprungen sind, vergessen sie alles, was sie jemals gelernt haben. Sie bellen Eichhörnchen, Schmetterlinge und fallende Blätter an. Sie stürmen ohne Rücksicht auf andere Wanderer auf dem Weg voran. Sie rennen so viel und regen sich dermaßen auf, dass sie bereits erschöpft sind, bevor sie die erste Hügelkuppe erreicht haben. Dann lassen sie sich fallen und scheinen zu sagen: »Geht schon mal weiter. Ich warte hier, bis ein Taxi vorbeikommt.«

Es liegt auf der Hand, dass Hunde in der Natur mehr Freiheiten genießen als in überfüllten Großstadtstraßen. Aber selbst hier gibt es ein paar Grundregeln, die die Hunde beherrschen müssen. Immer wieder beschweren sich andere Spaziergänger bei Förstern oder Wildhütern über bellende, bedrohliche oder lediglich übermütige Hunde. Und Hunderte von Hundebesitzern müssen sich für das flegelhafte Benehmen ihrer Hunde entschuldigen.

RASSENSPEZIFISCHES

Dalmatiner sind auf Wanderungen die besten Begleiter, weil sie nicht nur schnell, sondern auch sehr ausdauernd sind. Pekinesen und andere kurznasige Rassen sind weniger für Gewaltmärsche geeignet, weil ihr Atmungssystem nicht sehr leistungsfähig ist und sie schnell aus der Puste geraten.

Unter Kontrolle

Fast all diese Verhaltensprobleme lassen sich vermeiden, wenn Sie Ihren Hund an die Leine nehmen. Außer bei ungemütlichem Wetter oder in sehr abgelegenen Gegenden müssen Sie immer damit rechnen, anderen Wanderern zu begegnen. Auch Leute, die selbst einen Hund haben, können nicht sicher sein, dass dieses 20 Kilogramm schwere Energiebündel, das da auf sie zugerast kommt, freundliche Absichten hat.

Dasselbe gilt für die eigenen Hunde. In vielen Wäldern ist das Anleinen der Hunde sogar vorgeschrieben – nicht nur im Interesse der anderen Wanderer, sondern auch in Ihrem eigenen. Es sind schon Hunde erschossen worden, die auch nur im Verdacht standen zu wildern.

Auch an der Leine kann Ihr Hund die Natur genießen. Er hat unzählige Möglichkeiten, zu schnuppern und sich beschnuppern zu lassen, und wird außerdem eine Menge Komplimente für sein tadelloses Benehmen bekommen. Voraussetzung ist natürlich, dass Ihr Hund leinenführig ist. Ist das nicht der Fall, kann sich der schöne Ausflug in einen Kräfte zehrenden Albtraum verwandeln, weil Ihr Hund unbedingt woanders hinwill als Sie.

Wenn Sie Ihren Hund auf eine Wanderung mitnehmen wollen, braucht er dafür keine spezielle Ausbildung. Es reicht ein Blitzkurs, den Sie einen oder zwei Tage vor dem Ausflug starten – und abschließen – können.

- Bevor es losgeht, sollten Sie Ihren Hund drei- bis viermal am Tag ausführen. Haken Sie wie immer die Leine ein und gehen Sie die Straße entlang.
- Wenn der Hund zieht, bleiben Sie stehen und winkeln Sie die Arme an, um mehr Kraft zu haben. Sagen Sie nichts, stehen Sie nur da wie ein Pfosten. Hunde mögen das Gefühl des Zerrens ohne Vorankommen nicht und werden rasch ein paar Schritte zurücktreten.
- Wenn die Leine wieder locker durchhängt, loben Sie Ihren Hund und setzen Sie den Spaziergang fort.

Hunde, die gern ihren eigenen Kopf durchsetzen, werden immer wieder vorstürmen und an der Leine zerren. Dann wiederholen Sie die

Damit Ihr eigener Rucksack nicht zu schwer wird, sollten Sie Ihren Hund sein Futter und Wasser in Packtaschen selbst tragen lassen.

Hunde gehen gewöhnlich auf der linken Seite ihres Führers, aber es empfiehlt sich, ihnen vor einer Wanderung beizubringen, die Seite zu wechseln, um entgegenkommenden Wanderern Platz zu machen.

Übung, bis Ihr Hund es begriffen hat. Nach ein paar Tagen sollte er das Ziehen aufgegeben haben und einem erholsamen Waldspaziergang steht nichts mehr im Weg.

Benehmen in der freien Natur

Fast jeder Wanderer kann Geschichten über Wochenenden erzählen, die buchstäblich vor die Hunde gegangen sind. Vor allem Hunde, denen keinerlei Benimm beigebracht wurde, können einen geruhsamen Ausflug zum Albtraum werden lassen, indem sie pausenlos bellen und andere Leute von hinten anrempeln.

Es gibt nur relativ wenige Regeln, die Hunde befolgen müssen, wenn sie brave Mitwanderer sein wollen. Die wichtigsten sind:

Das Bellen in Grenzen halten. Sie können nicht erwarten, dass sich Ihr Hund im Wald absolut still verhält, aber kein Mensch möchte beim Spaziergang ständigem Gebell ausgesetzt sein. Ihr Hund muss begreifen, dass er zwar gelegentlich bellen darf, aber nicht pausenlos. Versuchen Sie, ihn zum Schweigen zu bringen, indem Sie ihm eine Hand auf die Schnauze legen. Irgendwann wird er lernen, dass dies das Zeichen zum Stillsein ist.

Seitenwechsel. Waldwege sind oft so schmal, dass Leute mit Hunden nicht aneinander vorbeigehen können. Hunde, die bei Fuß gehen, versperren Passanten, die links – also an der Seite, an der Hunde zu gehen gewohnt sind – vorbeiwollen, den Weg. Deshalb ist es sinnvoll, dem Hund das Gehen auf beiden Seiten beizubringen. Zeigen Sie ihm mit der Leine, wohin er soll, sagen Sie »Seite!« und unterstreichen Sie das Kommando mit einer Beinbewegung. Die meisten Hunde lernen schnell, den Befehl mit der Bewegung in Verbindung zu bringen, und wechseln widerspruchslos auf die andere Seite.

Bekanntschaften vermitteln. Für andere Menschen, die im Wald unterwegs sind, stellen herannahende Hunde eine große Unbekannte dar, weil sie nicht wissen können, wie die Tiere sich verhalten werden. Deshalb müssen Sie Ihrem Hund beibringen, dass er auf das entsprechende Signal warten muss, bevor er sich anderen Menschen oder Hunden nähert. Wenn

Ihnen jemand mit einem anderen Hund entgegenkommt, sollten Sie fragen, ob es ihm recht ist, wenn die Tiere Kontakt zueinander aufnehmen.

Fremde vorbeigehen lassen. Auf schmalen Waldwegen und -pfaden ist es schwierig, Abstand zu anderen Menschen zu halten. Deshalb sollte Ihr Hund gelernt haben, dass er ausweichen muss, wenn jemand an ihm vorbeigehen will. Das ist besonders wichtig, wenn ein Weg gleichzeitig von Radfahrern oder Joggern benutzt wird, weil sie den Jagdinstinkt des Hundes auslösen können. Wenn sich Radfahrer nähern oder Leute mit Hunden, die offensichtlich nicht gehorchen, sollten Sie Ihrem Hund befehlen, sich hinzusetzen.

Hunde-Ausrüstung

Von Ihren zweibeinigen Mitwanderern erwarten Sie zu Recht, dass sie ihr Gepäck selbst tragen – das kann Ihr Hund auch. Im Fachhandel gibt es alle möglichen Ausrüstungsgegenstände für Hunde. Hier eine Liste der wichtigsten Dinge, die jeder Hund bei einer längeren Wanderung braucht:

Halsband und Leine aus Nylon. Kettenhalsbänder bleiben leicht an Gestrüpp hängen, und weil Lederleinen Schweiß aufsaugen, wirken sie wie ein Magnet auf Ungeziefer.

Flohmittel. Wenn sich ein Hund kratzt, weil er Flöhe hat, tun das bald alle Hunde, denen er unterwegs begegnet. Deshalb sollten Sie Ihren Hund vor Antritt der Wanderung mit einem Flohmittel behandeln. Am besten sprühen Sie es auf einen Lappen und reiben dann den Hund damit ein; auf diese Weise können Sie kontrollieren, wo das Spray landet.

Pfotenschutz. Ein Hund mit wunden Pfoten kann nicht weiterlaufen, was bedeutet, dass Sie entweder eine Pause einlegen oder ihn zurück tragen müssen. Dieses Problem ist mit speziellen Hundestiefeln zu verhindern. Allerdings können die meisten Hunde diese Art des Pfotenschutzes nicht ausstehen; deshalb sollten Sie sich zunächst eine Garnitur von einem anderen Hundebesitzer ausleihen und testen, wie Ihr Hund darauf reagiert.

Packtaschen. Da der Hund weder das Abendessen zubereiten noch beim Aufstellen

Die Höflichkeit gebietet es, dass man auf engen Wegen mit dem Hund beiseite tritt und andere Leute vorbeigehen lässt.

des Zeltes helfen kann, sollte er wenigstens sein eigenes Futter und einen faltbaren Futter- und Wassernapf tragen. In vielen Zoohandlungen und Geschäften für Camping-Ausrüstung gibt es Packtaschen, die so geformt sind, dass sie sich dem Brustkorb des Hundes anpassen. Selbst kleine Hunde sind imstande, ihr Futter selbst zu tragen. An die Packtaschen muss sich der Hund gewöhnen, weil sie ihn breiter machen, als er normalerweise ist. Das kann ihn vor allem auf Querfeldeinwanderungen irritieren.

Letzte Vorbereitungen

Abgesehen davon, dass Sie etwas Essbares, frisches Wasser und vielleicht ein Medikament gegen Reisekrankheit für die Fahrt zum Ausgangspunkt einpacken, brauchen Sie keine weiteren Vorbereitungen zu treffen. Zum Wohle Ihres Hundes sollten Sie jedoch ein paar zusätzliche Dinge bedenken:

- Wenn Ihr Hund bisher nur Wanderungen um den Block unternommen hat, sollten Sie einige Zeit darauf verwenden, ihn in Form zu bringen, indem Sie in den Wochen vor der Wanderung längere Spaziergänge unternehmen, nach Möglichkeit solche, bei denen es bergauf und bergab geht.
- Bringen Sie Ihren Hund zum Tierarzt, um sicherzugehen, dass er für die Wanderung fit ist. Bei dieser Gelegenheit können Sie sich auch gleich ein Gesundheitsattest ausstellen lassen. Nehmen Sie auch den Impfpass Ihres Hundes mit auf Ihren Ausflug, denn wenn Sie in einen tollwutgefährdeten Bezirk geraten, müssen Sie nachweisen können, dass Ihr Hund geimpft ist.
- Normale Halsbandanhänger nützen bei mehrtägigen Touren nicht viel, wenn sich der Hund verlaufen hat, weil Sie nicht zu Hause sind, wenn jemand unter der angegebenen Telefonnummer anruft. Besorgen Sie sich einen zweiten Anhänger, dem der Finder Ihren gegenwärtigen Aufenthaltsort, Ihr Ziel und eventuelle Kontaktadressen entnehmen kann.

SCHON GEWUSST

Weshalb fressen Hunde Kot?

Selbst Hunde, die in Bezug auf ihr Fressen sehr schwierig sind, stürzen sich auf den Kot, den andere Tiere abgesetzt haben. Die Experten sind sich nicht sicher, weshalb sie das tun, halten aber einen von drei Gründen für denkbar.

1. Konditionierung: Hundemütter halten das Wurfnest sauber, indem sie den Kot ihrer Welpen fressen, und Hunde lernen durch Zusehen.
2. Nährstoffe: Es kann sein, dass im Hundefutter nicht alle Nährstoffe enthalten sind, die der Hund braucht, und Kot enthält verwertbare Proteine, Vitamine und Mineralien.
3. Geschmack: Hunde haben 215 Millionen Geruchsrezeptoren mehr als Menschen, und es ist möglich, dass Geruch und Aroma des Kots eine Geschmacksempfindung auslösen, die sich Menschen nicht vorstellen können (und wollen).

In Zoohandlungen gibt es Adressanhänger für das Halsband, in denen Sie Ihre Urlaubsadresse hinterlassen können, für den Fall, dass Ihnen der Hund auf dem Ausflug abhanden kommt.

PROBLEMHUND

Name ATZE

Rasse BORDER COLLIE

Alter 3 JAHRE

Worum geht es Atze und Familie machen gern Wander- bzw. Camping-Urlaub. Während die Erwachsenen wandern oder die Mahlzeiten zubereiten, sammeln die Kinder Äste, mit denen sie fechten oder Laubhütten bauen. Leider liebt Atze die Äste noch mehr als die Kinder. Also stiehlt er sie. Wenn die Kinder die Äste wiederhaben wollen, kommt es zu einem regelrechten Tauziehen. Die Kinder werden wütend, Atze wird angebrüllt, und die Eltern raufen sich die Haare. Von dieser Marotte abgesehen, ist Atze ein sanfter und umgänglicher Hund, und niemand weiß, weshalb er, was diese Äste angeht, so besitzergreifend ist, und was man dagegen tun kann.

Was tun Hunde neigen zu unerklärlichen Verhaltensweisen, aber warum Atze ausgerechnet auf Äste so scharf ist, ist ein Rätsel. Seine Entschlossenheit an sich ist nichts Ungewöhnliches, zumal bei Border Collies, die eine starke Persönlichkeit haben und überaus zielstrebig sein können.

Vermutlich wird Atze seine Leidenschaft für Äste nie verlieren. Die Familie kann nur dafür sorgen, dass er in der Wahl seiner Beuteobjekte vorsichtiger ist. Die Erwachsenen (nicht die Kinder, die dafür nicht genügend Autorität besitzen) sollten ihre Zuflucht zu einer simplen Gehorsamsübung nehmen: Sie sollten Atze befehlen, dass er sich hinsetzt, und dann einen Ast werfen, dem er hinterherjagen darf – und ihn loben, wenn er damit herumrennt oder ihn zerkaut. Nach einiger Zeit wird Atze gelernt haben, dass ihm nur die Äste gehören, die geworfen wurden. Die, die auf dem Boden liegen oder als Bratspieße benutzt werden sollen, gehören jemand anderem.

Anfangs wird Atze mit allen Mitteln versuchen, sein Privileg auf alle Äste auszudehnen, doch das müssen seine Besitzer ignorieren und sie dürfen ihn nur loben, wenn er sich mit seinem eigenen Ast beschäftigt. Notfalls müssen sie ihn anleinen, damit er den Spaß des Ästestehlens nicht von neuem entdecken kann. Wenn es Atze gelingt, auch nur einen Ast zu erwischen, der ihm nicht zusteht, könnte er auf die Idee kommen, einfach so weiterzumachen wie bisher, und alle Bemühungen wären umsonst gewesen.

KAPITEL ZWANZIG

Im Flugzeug

Fliegen bedeutet selbst für reiseerfahrene Menschen Stress, und erst recht für Hunde. Sie können sich weder auf dem Gang die Füße vertreten noch einen Film anschauen. Deshalb brauchen sie etwas Hilfe, um sich im Flugzeug halbwegs wohl zu fühlen.

Die meisten Fluggesellschaften verlangen, dass Hunde im Gepäckraum reisen, nur kleine Hunde werden gelegentlich als Handgepäck zugelassen. Das bedeutet, dass sie mit in die Kabine dürfen, wo sie großartige Reisebegleiter sind – es sei denn, sie sind frustriert, weil sie ihrem Schnupper- und Erkundungsdrang nicht nachgeben dürfen, oder total verängstigt. Dann fangen sie an zu hecheln, zu bellen oder zu winseln, und das ist weder für Sie noch für die anderen Passagiere ein Vergnügen.

Ein Hund ist kein Laptop, den man unter den Sitz schieben kann, wenn man eine Pause braucht. Trotzdem können Sie Ihrem Hund beibringen, sich zu entspannen und den Flug zu genießen.

Instinkte nutzen

Hunde, die in der Kabine mitfliegen, müssen so klein sein, dass sie in einen Transportbehälter passen, den man unter den Sitz stellen kann. In der Regel bedeutet das, dass der Behälter nicht höher als 50 cm sein darf. Im Zoohandel gibt es verschiedene Arten von Transportbehältern, die unter die meisten Sitze passen.

Der Gedanke, stundenlang auf so engem Raum eingesperrt zu sein, ist für Menschen unerträglich, aber Hunde empfinden anders, weil sie über eine Art »Bau-Instinkt« verfügen. Sobald ein Hund begriffen hat, dass sein Behälter ein Bau ist, sieht er darin eine herrliche Zuflucht und freut sich darauf, viel Zeit darin zu verbringen – nicht nur in 10 000 m Höhe, sondern auch zu Hause.

Das Fliegen wird er nie lieben, aber Planung und Vorbereitung haben aus diesem Belgischen Schäferhund einen erfahrenen Reisenden gemacht.

Allerdings machen sich Hunde neue Baue nicht automatisch zu Eigen, und Sie müssen einiges dafür tun, dass aus der Box ein Heim wird.

- Stellen Sie den Behälter bereits ein paar Wochen vor dem Antritt der Reise ins Wohn- oder Schlafzimmer, damit der Hund ihn in aller Ruhe erkunden kann. Ein paar Leckerbissen oder ein Spielzeug im Innern weckt sein Interesse und hilft ihm, den Behälter mit erfreulichen Dingen in Verbindung zu bringen.
- Sobald der Hund mit dem Behälter vertraut ist oder sogar ein Schläfchen darin macht, schließen Sie ihn für eine Weile. Es kann sein, dass Ihr Hund anfangs ein wenig nervös wird, aber wenn Sie ihm gut zureden und so tun, als wäre alles nur ein Spaß, wird er sich bald entspannen. Nach 10 bis 15 Minuten lassen Sie ihn heraus und geben Sie ihm einen Leckerbissen. Wiederholen Sie die Übung zwei- bis dreimal am Tag und verlängern Sie die Zeit im Behälter um jeweils eine halbe Stunde.
- Üben Sie weiter, bis Ihr Hund etwa drei Stunden im Behälter verbringt, ohne sich aufzuregen. Das ist in etwa die Zeit, die er bei Flügen innerhalb Europas in der Trans-

Gesetze und Vorschriften

Für den Hund muss ein eigenes Ticket gekauft werden, ob er nun in der Kabine mitfliegt oder im Gepäckraum. Außerdem werden ein Gesundheitsattest und der Nachweis einer Tollwutimpfung verlangt. Da die meisten Hunde den Flug im Gepäckraum verbringen, müssen Sie für ihre Sicherheit und Bequemlichkeit sorgen.

- Auf jedem Flug wird nur eine begrenzte Anzahl von Hunden mitgenommen, in der Regel nach dem Prinzip »Wer zuerst kommt, mahlt zuerst«. Deshalb sollten Sie mindestens zwei Stunden vor dem Abflug am Flughafen sein. Wichtig ist, dass der Hund beim Einchecken als »zusätzliches Gepäck« deklariert wird und nicht als »Fracht«, denn es kann sein, dass Frachten in einer anderen Maschine befördert werden.
- Das Flugpersonal kann den Gepäckraum auf einem Monitor überwachen. Bitten Sie darum, dass während des Fluges auf Ihren Hund geachtet wird.
- Die Transportbox enthält einen Wassernapf, aber das Wasser schwappt meist schnell heraus. Füllen Sie den Napf zu Hause mit Wasser und frieren Sie ihn ein. An dem Eis kann der Hund dann jederzeit lecken.
- Legen Sie die Transportbox mit mehreren Lagen Zeitungspapier aus und streuen Sie eine Schicht Sägespäne darüber. Diese Schutzschicht saugt alles auf, wenn der Hund sich unterwegs erleichtert oder erbricht.

Hunde, die fliegen sollen, müssen an eine Transportbox gewöhnt werden. Wenn Sie behutsam vorgehen, wird Ihr Hund die Kiste bald für einen gemütlichen Bau halten.

portbox verbringen muss. Aber da Hunde kein Zeitgefühl haben, registrieren sie auch den Unterschied zwischen zwei und zwölf Stunden nicht.

HUNDEGESCHICHTEN

Der Fallschirmspringer

Brutus, ein 5 kg schwerer Zwergdackel, liebt das Fliegen, und zwar so sehr, dass er es auch ohne Flugzeug tut. Das ist in Ordnung, weil auch sein Herrchen zum Fliegen kein Flugzeug braucht. Er ist nämlich Fallschirmspringer, der bei Flugschauen auftritt, und er hat festgestellt, dass das Springen mit Brutus beim Publikum Aufsehen erregt. Brutus hat keinen eigenen Fallschirm (er kann ja keine Reißleine ziehen), aber er braucht auch keinen, weil sein Besitzer ihn in ein Geschirr einhakt, ihm eine Schutzbrille aufsetzt und ihn in einer Brusttasche seiner Montur verstaut. Auf dem Weg nach unten verziehen sich Brutus' Lippen durch den Fahrtwind zu einem breiten Grinsen. Trotz des Nervenkitzels, den der Sturz mit sich bringt, ist Fallschirmspringen ein relativ ungefährlicher Sport. Der Besitzer von Brutus macht allerdings gern Scherze über die kurzen Beine seines Dackels, die dieser angeblich erst hat, seit die beiden mehrmals recht unsanft gelandet sind.

Benehmen an Bord

Manche Hunde steigen so gelassen in ein Flugzeug, wie sie zu Hause auf die Couch springen, aber andere sind schon nervös, bevor sie das Haus verlassen haben, und die Geräusche und Gerüche eines Flughafens geben ihnen dann den Rest. Dann besteht die einzige Möglichkeit, sie in der Luft ruhig und still zu halten, darin, dass Sie für Beschäftigung sorgen.

Wenig, aber häufig füttern. Bei Hunden, die vor Antritt der Reise eine große Mahlzeit bekommen haben, landet der größte Teil des Futters in der einen oder anderen Form auf dem Boden der Transportbox. Aber gegen kleine Futtermengen hat ein Hundemagen nichts einzuwenden, und die Vorstellung, mit Leckerbissen verwöhnt zu werden, lenkt die meisten Hunde von ihrem Kummer ab. Ideal ist ein hohles, mit Trockenfutter gefülltes Spielzeug, denn Hunde, die fressen, können weder bellen noch winseln.

Ruhe bewahren. Hunde sind sehr gut darin, Signale von ihren Besitzern aufzufangen. Wenn Sie selbst nervös sind und sich um das Wohlbefinden Ihres Hundes sorgen, wird er ebenfalls nervös und besorgt sein. Um ihn zu beruhigen, sprechen Sie mit tiefer, gelassener Stimme und tun Sie so, als sei alles in Ordnung.

Sich mit den Sitznachbarn bekannt machen. Obwohl die Fluggesellschaften nicht erlauben, dass die Hunde ihre Transportboxen verlassen, gibt es vielleicht ein Hintertürchen, wenn Ihre Sitznachbarn dagegen nichts einzuwenden haben. Ob Sie sich strikt an die Vorschriften halten, ist eine Sache Ihres Gewissens und der Einstellung Ihrer Sitznachbarn. Solange der Hund still ist und sich unauffällig benimmt, haben die meisten Reisenden keine Einwände.

Patentrezept Einen Welpen, der sein Heim verlässt und zum ersten Mal fliegt, beruhigen Sie am besten mit einem vertrauten Geruch. Legen Sie eine Decke in die Box, mit der Sie zuvor die Hundemutter und die anderen Welpen abgerieben haben.

PROBLEM HUND

Name FARUK

Rasse DALMATINER

Alter 6 JAHRE

Worum geht es Faruk ist ein Einbahnstraßen-Hund. Sein Schlafplatz und sein Futternapf befinden sich im Erdgeschoss des zweistöckigen Hauses und er rennt die Treppe hinunter, wenn es Zeit zum Fressen oder Schlafen ist. Aber aus irgendeinem Grund begreift er nicht, dass die Treppe beim Hinauf- und beim Hinabsteigen dieselbe ist. Wenn er nach oben gehen soll, erstarrt er und beginnt zu zittern. Schließlich steigt er dann doch hinauf, aber nur widerstrebend. Seine Besitzer vermuten, dass er sich an einen Jahre zurückliegenden Sturz erinnert. Sie haben es mit gutem Zureden versucht und ihn auch die Treppe hinaufgezerrt, aber es hat nichts genützt – er hat immer noch Angst.

Was Tun Dalmatiner sind sozusagen die Elefanten der Hundewelt. Sie haben ein unwahrscheinliches Gedächtnis und können ein traumatisches Erlebnis wie etwa einen Sturz nicht vergessen. Im Prinzip kann jeder Hund eine Phobie entwickeln, und die Ängste sind oft noch weniger begreiflich als im Fall von Faruk. Es gibt Hunde, die Angst vor Laternenpfählen oder Bordsteinen haben. Manche fürchten sich vor Hüten, flüchten vor Männern mit Bärten oder ducken sich verängstigt, wenn sie Leute in Uniform sehen. In gewisser Hinsicht können sich Faruks Besitzer glücklich schätzen, denn seine Angst bezieht sich auf ein reales Objekt, und das gibt ihnen die Möglichkeit, dagegen vorzugehen. Und das sollte buchstäblich Stufe für Stufe geschehen. Zuerst geben sie ihm am Fuße der Treppe die Anweisung, sich hinzusetzen. Schon dieser kleine Befehl verringert seine Angst, weil er denkt: »Gut, das ist etwas, was ich kann.« Sobald Faruk sitzt, wird er mit etwas besonders Leckerem auf die erste Stufe gelockt. Faruk liebt getrocknete Leber, also sollten seine Besitzer ein Stückchen davon auf die erste Stufe legen. Er wird vermutlich zögern, aber früher oder später nicht widerstehen können. Wenn er auf die erste Stufe gestiegen ist und sich den Bissen schnappen will, sollte ihm abermals befohlen werden, sich hinzusetzen. Gleichzeitig wird er belohnt und überschwänglich gelobt. Dieser Erfolg reicht für den ersten Tag. An jedem der folgenden Tage sollte Faruk mit Hilfe der Leber jeweils eine Stufe höher gelockt werden.

☆ KUNSTSTÜCKE ☆

Den Wagen finden

Dieses Kunststück sollten Sie Ihren Hund nicht in der Stadt ausführen lassen, aber wenn Sie auf dem Land sind, können Sie sich darauf verlassen, dass Ihr Hund seinen Weg zurück zum Wagen findet. Mit etwas Training wird er sogar imstande sein, den eigenen Wagen unter Dutzenden von ähnlichen Modellen wieder zu erkennen.

1 Führen Sie den angeleinten Hund ein paar Tage lang mehrmals täglich zum Wagen. Berühren Sie das Blech, sagen Sie »Auto« und geben Sie ihm einen Leckerbissen. Wenn er die Ohren spitzt, sobald Sie »Auto« sagen, veranlassen Sie ihn, den Wagen mit der Schnauze oder der Pfote zu berühren und belohnen ihn abermals. Dann entfernen Sie sich vom Wagen, geben das Kommando »Such das Auto!« und gehen mit Ihrem Hund darauf zu. Wenn er das Auto berührt, bekommt er seine Belohnung.

2 Reiben Sie Ihre Schuhsohle mit einem Stück Wurst ein und gehen Sie zum Wagen. Ermutigen Sie Ihren Hund, wenn er um Ihre Füße herumschnuppert und der Spur zum Wagen folgt. Wenn er ihn erreicht und mit Nase oder Pfote berührt hat, müssen Sie ihn ausgiebig loben.

☆ KUNSTSTÜCKE ☆

Die Zeitung holen

Hunde lieben es, Dinge im Maul herumzutragen, und manchmal bringen sie sie sogar zurück. Zeitungen mögen sie besonders, weil sie leicht zu tragen sind. Und weil die Zeitung jeden Tag kommt, hat der Hund etwas, auf das er sich freuen kann.

1 Stellen Sie eine »Trainingszeitung« her, indem Sie eine alte Ausgabe mit Klebeband umwickeln. Werfen Sie sie ein paar Meter weit und sagen Sie: »Hol die Zeitung!« Sobald der Hund Übung hat, stecken Sie die Zeitung dorthin, wo sie gewöhnlich vom Boten abgelegt wird.

2 Sobald der Hund gelernt hat, der Zeitung zu folgen und sie zurückzubringen, legen Sie sie an die gewohnte Stelle, ohne dass er es sieht. Dann holen Sie hn, zeigen ihm die Zeitung und sagen: »Hol die Zeitung!« Wenn das klappt, wird er vermutlich in Zukunft selbstständig nach der Zeitung suchen und sie Ihnen bringen.

☆ KUNSTSTÜCKE ☆

Den Fahrstuhl bedienen

Viele Menschen fühlen sich unbehaglich, wenn sie zusammen mit einem Hund in einem Fahrstuhl eingepfercht sind. Eine nette Methode, das Eis zu brechen, besteht darin, dass man den Hund auffordert, auf den Türschließ-Knopf zu drücken. Wenn der Hund groß genug ist, den Knopf zu erreichen, sollte es ihm keine Mühe machen, dieses Kunststück zu lernen.

1 Bringen Sie Ihrem Hund bei, die Vorderpfoten gegen die Wand zu stemmen. Etwa in der Höhe, in der sich die meisten Fahrstuhlknöpfe befinden, kleben Sie eine Pappscheibe an die Wand. Zeigen Sie darauf und sagen Sie »Hopp, hoch!«. Mit ein bisschen Übung wird der Hund lernen, diese Stelle jedes Mal zu treffen. Wenn es ihm gelingt, sagen Sie »Knopf« und loben ihn.

2 Sobald der Hund eine Verbindung zwischen dem »Knopf« an der Wand und den Knöpfen in einem Fahrstuhl hergestellt hat, ist Ihnen bei der Fahrt im Lift ein interessiertes Publikum sicher.

☆ KUNSTSTÜCKE ☆

Danke sagen

Die meisten Hunde beherrschen ein paar höfliche Gesten, aber nur die wenigsten wissen, wie gut das Dankesagen bei den Menschen ankommt. Hunde, die auf eine Nettigkeit mit einer höflichen Verbeugung reagieren, können sich eines erstklassigen Empfangs sicher sein.

1 Setzen oder knien Sie sich neben Ihren stehenden Hund. Legen Sie eine Hand unter seinen Bauch, um sein Hinterteil hoch zu halten. Mit der anderen Hand zeigen Sie ihm einen Leckerbissen und halten ihm diesen unter die Nase. Während Sie weiterhin das Hinterteil hoch halten, führen Sie die Hand mit dem Leckerbissen abwärts. Wenn Ihr Hund daraufhin die Nase senkt, sagen Sie »Danke« und loben ihn.

2 Wenn sein Vorderkörper ganz unten ist, sagen Sie »Bleib so«, damit er diese Position eine oder zwei Sekunden lang beibehält.

FÜNFTER TEIL

BEGEGNUNGEN MIT NACHBARN

Heutzutage leben die meisten Hunde in Städten. Das bedeutet, dass sie sich an Verhältnisse gewöhnen müssen, die für ihre Vorfahren unvorstellbar gewesen wären. Sie müssen lernen, Katzen nicht zu jagen und ihr Geschäft nicht auf dem Gehsteig, sondern im Rinnstein zu erledigen.

KAPITEL EINUNDZWANZIG

Das Leben an der Leine

In einer idealen Welt würden Hunde frei herumlaufen, aber die Hunde von heute haben es mit Verkehr und belebten Gehsteigen zu tun, von amtlichen Vorschriften ganz zu schweigen. Deshalb müssen sie wissen, wie sie sich an der Leine zu benehmen haben.

Kein Hund hat sich je besser den sozialen Gegebenheiten angepasst als Lassie. Ganz gleich, welche Einfälle die Drehbuchautoren auch hatten – dieser wundervolle Collie benahm sich immer tadellos. Lassie hätte nie jemanden angesprungen und nie gebellt, wenn sie es nicht sollte. Sie hat Leute an den unwahrscheinlichsten Orten aufgespürt und nie gezerrt, wenn sie an der Leine gehen musste, was allerdings höchst selten vorkam.

In der realen Welt würde Lassie wesentlich mehr Zeit am Ende einer Leine verbringen. An die Stelle der weiten Landschaften aus ihren Filmen sind Einkaufszentren, Wohngebiete und vierspurige Autobahnen getreten. Die moderne Welt ist zu belebt und gefährlich, als dass Hunde sicher in ihr herumstromern könnten.

Eine sorgfältige Gewöhnung an die Leine hat aus diesen Italienischen Windspielen wohlerzogene und problemlose Spaziergänger gemacht.

Davon abgesehen verfügt praktisch kein Hund über die Selbstbeherrschung, die Lassie an den Tag legte. Mit einer Leine haben Sie Ihren Hund unter Kontrolle. An vielen öffentlichen Orten ist das Anleinen sogar Vorschrift. Deshalb ist die Leine ein wichtiger Bestandteil des Hundelebens.

Leinen-Probleme

Leinen mögen erforderlich sein, sind aber weder für den Hund noch für den Halter ein reines Vergnügen. Aus der Sicht des Hundes kommen Halsband und Leine der Freiheitsberaubung gleich und verursachen ihm im schlimmsten Fall sogar Schmerzen. Beim Menschen können sie die Schulter strapazieren, wenn der Hund stark zieht. Aber auch wenn Sie sich mit Ihrem Hund grundsätzlich auf eine Richtung geeinigt haben, kann der Spaziergang zum Problem werden, wenn

- sich die Leine in den eigenen Beinen oder in den Beinen des Hundes verheddert;
- der Hund so heftig an der Leine zerrt, dass Sie das Gefühl bekommen, für das Wagenrennen in Ben Hur zu trainieren;

- der Hund plötzlich beschließt, einen Baum zu beschnuppern und zu markieren. Wenn Sie langsam gehen, ist das kein Problem, aber wenn Sie gerade mit ihm gerannt sind, könnte sein abruptes Bremsen dazu führen, dass Sie auf der Nase landen;
- der Hund etwas sieht, das ihn verwirrt oder ängstigt, und er wie angewurzelt stehen bleibt. Dann bewegt er sich nicht mehr von der Stelle, und Sie können es auch nicht;
- Sie versuchen, anstandshalber seinen Kot zu entfernen, und zu akrobatischen Verrenkungen gezwungen sind, weil es ziemlich schwierig ist, Leine und Plastikbeutel gleichzeitig zu handhaben.

Spaziergänge mit dem Hund an der Leine sind nicht so problemlos wie Wanderungen in der freien Natur oder Ballspiele in einem Park ohne Leinenzwang. Aber sie brauchen auch keine nervenaufreibende Angelegenheit zu sein. Leinen werden ohne Gebrauchsanleitung verkauft, weil ihre Handhabung im Prinzip vollkommen simpel ist: In der Praxis erfordert es dennoch eine gewisse Übung.

Ob an der Leine oder frei – die Aufmerksamkeit dieses Australischen Schäferhunds ist immer auf seine Besitzerin gerichtet.

Verhaltensregeln

Ausbilder tun gelegentlich so, als wäre das Führen eines Hundes Präzisionsarbeit, und erwarten, dass es jedem gelingt, im Gleichschritt mit seinem Hund die Straße entlang zu marschieren. Die klassische »Bei-Fuß-Position«, bei der der Hund förmlich am linken Bein des Besitzers klebt, macht auf Ausstellungen einen guten Eindruck, ist aber im Alltag selten erforderlich. Es spricht nichts dagegen, den Hund an einer langen Leine neben sich hertrotten zu lassen.

Es hängt von Ihren Ambitionen ab, wie viel oder wie wenig Präzision Sie von Ihrem Hund verlangen. Wenn Sie in der Stadt wohnen, werden Sie es vorziehen, Ihren Hund dicht neben sich zu wissen. In einem ruhigen Vorort können Sie ihm dagegen mehr Freiheit zugestehen.

Es gibt keinen Grund dafür, dass der Hund immer links gehen muss. Dieser Brauch stammt aus der Zeit, als Hunde Jäger begleiteten, die ihr Gewehr über dem rechten Unterarm trugen und den Hund aus Sicherheitsgründen links laufen ließen. Ausbilder behalten diese Gepflo-

RASSENSPEZIFISCHES

Manchen Hunden fällt es sehr schwer, das Gehen an der Leine zu erlernen. Sibirische Huskys ziehen gern, weil sie für die Arbeit vor dem Schlitten gezüchtet wurden. Hütehunde wie Shelties (links) neigen zum Vorausrennen – ein genetisches Überbleibsel des Instinkts, verlorene Schafe zur Herde zurückzutreiben – und Retriever folgen ihrem Jagdinstinkt, indem sie mit der Nase dicht am Boden laufen.

genheit bei, weil es praktischer ist, wenn alle ihre Zöglinge die gleiche Position einnehmen.

Einen Punkt gibt es allerdings, der keinen Ermessensspielraum zulässt: Sie müssen konsequent sein und dem Hund klare Anweisungen geben, wie er sich an der Leine zu verhalten hat.

Leinenkauf

Eine Leine ist nichts anderes als ein Band, das Mensch und Hund verbindet. Dabei kann es sich sowohl um ein in ein Halstuch eingeknotetes Stück Strick als auch um eine kunstvoll verzierte oder geflochtene Lederschnur an einem dekorativen Halsband handeln. Stil und Aussehen sind ein Kriterium bei der Auswahl einer Leine, aber wesentlich wichtiger ist ihre Funktion, denn verschiedene Leinen und Halsbänder erfüllen unterschiedliche Aufgaben, und mit der richtigen Ausrüstung macht das Ausführen des Hundes mehr Spaß. Es ist kein Vergnügen, wenn die Leine in die Hand einschneidet, und der Hund fühlt sich auch nicht wohl, wenn das Halsband kneift.

Die meisten Leute entscheiden sich für Leinen von 1,80 m Länge. Sie sind so lang, dass der Hund ungehindert schnuppern kann, gleichzeitig aber so kurz, dass man ihn unter Kontrolle behält. Längere Leinen – bis zu 15 m – sind sinnvoll, wenn Sie einen Welpen lehren wollen zu kommen, doch für den täglichen Gebrauch sind sie zu umständlich.

Leinen aus Baumwolle oder Nylon. Sie haben eine Reihe von Vorteilen. Sie sind leicht, man kann sie in die Tasche stecken und sie sind preiswert. Allerdings liegen sie nicht sehr angenehm in der Hand. Nylon kann glitschig sein und wenn der Hund Ihnen eine Baumwollleine durch die Hand zieht, können Sie sich schmerzhafte Brandwunden zuziehen.

Leinen aus Leder. Viele Leute stehen Lederleinen mit gemischten Gefühlen gegenüber. Sie sind schwer, nehmen Gerüche an und trocknen schlecht. Außerdem kosten sie drei- bis viermal so viel wie eine Nylonleine. Trotzdem schwören viele Hundehalter auf Lederleinen – zum einen, weil sie praktisch unverwüstlich sind, und zum anderen, weil sie gut in der Hand liegen.

Rollautomatikleine. Einer der Hauptgründe dafür, dass Hundehalter Leinen verabscheuen, ist der, dass sie die Freiheit des Hundes empfindlich beschränken. Dieses Problem wurde mit der Rollautomatikleine (oder Flexileine) gelöst. Sie ist 5 bis 10 m lang und ermöglicht es, dem Hund mehr Spielraum zu lassen, wenn die Umstände es erlauben, und ihn zurückzuholen, wenn man ihn dichter bei sich haben möchte. Die Benutzer dieser Leinen sind in der Regel begeistert, obwohl die Leinen einen großen Nachteil haben. Sie haben dicke Plastikgriffe, die schlecht zu halten sind und auf die Dauer recht unbequem werden. Außerdem sind sie ungeeignet für Hunde, die an der Leine ziehen, weil sie ihn in ihrem Tun noch bestärken.

Ein weiteres Problem der Automatikleine betrifft nicht nur den Besitzer und seinen Hund, sondern andere Menschen. Die Leine ist sehr dünn und nur schwer zu erkennen. Es kommt immer wieder vor, dass Passanten zwischen dem Halter und seinem Hund hindurchgehen und stürzen, weil sie die Leine nicht gesehen haben.

Spezialleinen. Für Hunde (und Menschen) mit speziellen Bedürfnissen gibt es Sonderanfertigungen. Menschen mit Arthritis, denen es schwer fällt, eine Leine in der Hand zu halten, können eine Leine kaufen, die um die Taille geschlungen wird und die Hände frei hält. Hunden, die unter Arthritis leiden oder Hüftprobleme haben, kann mit einer Spezialleine geholfen werden, die das Hinterteil leicht anhebt und beim Gehen stützt.

Koppelriemen. Wer zwei oder drei Hunde ausführen und sich nicht mit mehreren Leinen herumplagen will, kann mit einem Koppelriemen gut bedient sein. Diese Koppelriemen haben zwei Enden: Das eine wird an der Leine befestigt, das andere ist mit Karabinerhaken

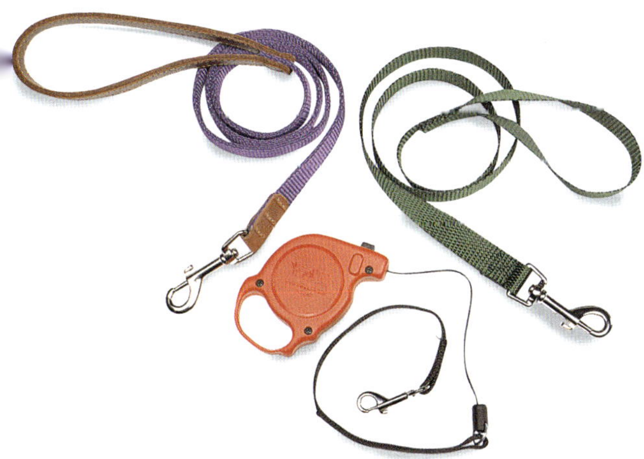

Bei der Wahl einer Leine entscheidet eher der persönliche Geschmack als die Rasse des Hundes. Oben links und rechts: Nylonleinen; unten: Rollautomatikleine.

SCHON GEWUSST

Weshalb nehmen Hunde die Leine ins Maul?

Manchmal wissen Hunde nicht so recht, wer die Leine halten soll. Es kommt vor, dass sie das lose Ende der Leine packen und sich weigern, es wieder loszulassen – aus Aufregung oder weil sie ihren Menschen mitziehen wollen, wenn es losgeht.

Es kann auch sein, dass sie es tun, weil sie gern etwas im Maul tragen. Vielleicht tun sie es auch, um den Zug der Leine auf das Halsband zu verringern.

Ein solches Tauziehen ist nicht grundsätzlich ein Problem, bringt aber Nachteile an beiden Enden der Leine mit sich. Für den Hund verkürzt es die für den Spaziergang zur Verfügung stehende Zeit – wer mit der Leine herumalbert, kann nicht laufen – und dem Besitzer widerstrebt es, das nasse, durchgekaute Ende der Leine in die Hand zu nehmen.

Von links: Kettenhalsband; Nylonhalsband mit Plastikschließe; Halsbänder aus Baumwollgewebe und Leder in zwei verschiedenen Größen.

zum Befestigen an mehreren Halsbändern ausgerüstet. Koppelriemen sind bequem und billiger als mehrere Leinen. Der Nachteil ist, dass sie nicht lang genug sind, so dass die Hunde sich ständig anrempeln. Außerdem kann man mit ihnen nur schlecht direkt auf die einzelnen Tiere einwirken.

Schnallenhalsbänder. Diese flachen Halsbänder, meist aus Leder oder Nylon, lassen sich wie ein Gürtel auf die richtige Größe einstellen. Sie sind ideal für kleine, zarte Hunde, Welpen eingeschlossen, sowie für ausgewachsene Tiere, die gut an der Leine gehen.

Kopfhalter. Für eigensinnige Hunde sind flache Halsbänder nicht geeignet. Bei ihnen ist ein Kopfhalter zu empfehlen, der unter dem Namen »Halti« im Handel ist. Er besteht aus weichem Nylongewebe und hat zwei Teile: einen Riemen, der um die Schnauze gelegt wird, und einen weiteren, der um den Hals verläuft. Kopfhalter sind so konstruiert, dass der Nasenriemen den Kopf des Hundes bei jedem Vorstürmen herumzieht und das Tier dadurch aus dem Gleichgewicht bringt. Wenn das mehrere Male passiert ist, hört selbst der sturste Hund auf zu zerren.

Kopfhalter für Hunde funktionieren nach demselben Prinzip wie ein Pferdehalfter: Wo der Kopf hingeht, muss der Körper folgen. Sie sind auch praktisch bei Hunden, die unterwegs viel bellen, andere Hunde oder Menschen anspringen oder ständig mit gesenktem Kopf laufen und nach etwas Interessantem Ausschau halten.

Das Gewebe des Kopfhalters ist zwar weich, kann aber trotzdem drücken und scheuern. Bei den meisten Hunden dauert es ein paar Wochen, bis sie sich daran gewöhnt haben.

Kettenhalsbänder. Sie wurden früher von Ausbildern empfohlen, weil sie so konstruiert sind, dass sie sich zuziehen, wenn der Hund an der Leine zerrt. Damit wird ein unbehaglicher Druck auf den Hals des Hundes ausgeübt, und es ertönt außerdem ein metallisches Geräusch, das Hunden missfällt. Deshalb sind diese Halsbänder ein effektives Mittel zum Korrigieren von Fehlern. Allerdings hat sich die Einstellung zu diesen

Ein Brustgeschirr ist eine gute Alternative zu Halsband und Leine, vor allem für Welpen, kleine oder empfindliche Hunde und solche mit Rückenproblemen.

Halsbändern in letzter Zeit geändert. Die Ausbilder empfehlen sie zwar nach wie vor für sehr störrische Hunde, aber in den meisten Fällen sind sie unnötig, weil es bessere Methoden gibt, einem Hund etwas beizubringen.

Brustgeschirr. Bei Welpen und kleinen Hunden sind Hals und Luftröhre so empfindlich, dass sie von einem Halsband verletzt werden könnten. Sie sind mit einem Geschirr besser bedient. Geschirre, oft aus Nylongewebe hergestellt, umgeben nicht den Hals, sondern den Rumpf und selbst wenn man kräftig an der Leine zieht, verteilt sich der Druck auf eine große Fläche. Deshalb sind Geschirre sicherer und bequemer als Halsbänder. Und weil sie den Rücken stützen, sind sie für Hunde mit Rückenproblemen besonders empfehlenswert.

Reflektierende Halsbänder. Viele Leute kommen erst nach Hause, wenn es bereits dunkel ist, und dann ist der Spaziergang mit dem Hund mit einigen Risiken verbunden. Im Zoohandel gibt es Halsbänder, die Licht reflektieren oder mit Blinklicht ausgestattet sind. Dieses Blinklicht ist sehr hell, und Autofahrer können es schon aus einiger Entfernung wahrnehmen.

Leinen-Lektionen

Bis jemand eine Leine erfindet, die den Hund automatisch um den Block führt und auch hinter ihm sauber macht, werden Menschen auch weiterhin an einem Ende der Leine gehen, während ihre Hunde am anderen Ende ihren Spaß haben. In den meisten Hundeschulen lernen die Hunde die Grundlagen des Gehens an der Leine, aber es gibt ein paar Dinge, die oft nicht gelehrt werden. Hier ein paar Beispiele:

Manche Hunde geraten schon beim Anblick der Leine aus dem Häuschen. Dieser Terrier hat gelernt, dass er nur hinauskommt, wenn er ganz still steht.

Geruhsamer Aufbruch. Kindern ist es unmöglich, ruhig und gelassen zu bleiben, wenn sie die Geschenke unter dem Weihnachtsbaum entdeckt haben, und das Gleiche gilt für Hunde, die sehen, dass die Leine aus dem Schrank geholt wird. Zumeist sind sie so aufgeregt, dass man Mühe hat, die Leine einzuhaken, und an einen ruhigen Spaziergang ist nicht zu denken.

Sorgen Sie also dafür, dass der Hund sich zunächst einmal beruhigt, indem Sie ihm befehlen, sich zu setzen oder zu legen. Das Zuhören und das Befolgen dieser einfachen Kommandos zwingt ihn, sich zu konzentrieren. Wenn Sie nicht in der Stimmung für einen Machtkampf sind, warten Sie einfach ab, bis sich seine Aufregung von selbst legt. Nehmen Sie Ihren Hund aber erst an die Leine, wenn er sich halbwegs beruhigt hat.

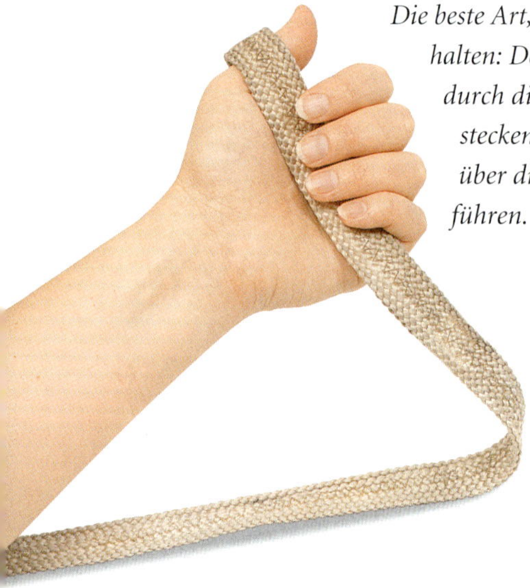

Die beste Art, eine Leine zu halten: Den Daumen durch die Schlaufe stecken und die Leine über die Handfläche führen.

Den Daumen durch die Schlaufe stecken. Viele Leute halten beim Spaziergang nicht das Ende der Leine in der Hand, sondern stecken die ganze Hand durch die Schlaufe oder wickeln sich die Leine mehrmals ums Handgelenk. Damit haben sie zwar die Hände frei und ihre Finger ermüden nicht so schnell, doch ungefährlich ist es nicht, vor allem bei großen Hunden, weil man im Notfall nicht schnell genug loslassen kann.

Eine bessere Methode ist es, den Daumen durch die Schlaufe zu stecken und den dahinter liegenden Teil quer über die Handfläche zu führen. Mit der anderen Hand können Sie dann bei Bedarf etwa in der Mitte der Leine zugreifen. Mit dieser Art der Leinenführung verfügen Sie über genügend Hebelkraft zum Beherrschen des Hundes und können auch einen langen Spaziergang ohne Unbequemlichkeit durchstehen.

Übung macht den Meister. Sobald sich der Hund beruhigt hat, die Leine eingehakt und die Tür offen ist, ist die Zeit zum Erlernen der Grundlagen gekommen. Hunde brauchen Zeit, um sich an Spaziergänge an der Leine zu gewöhnen. Damit der Hund lernt, eine Verbindung zwischen der Leine und dem Geführtwerden herzustellen, können Sie so vorgehen:

1. Während des Gehens den Hund ansehen und ihn zum Vorwärtsgehen ermutigen. Das soll seine Aufmerksamkeit auf Sie konzentrieren.

2. Die Leine mit beiden Händen so führen, dass der Hund neben oder ein wenig vor Ihnen läuft. Sie sollen ihn dabei nicht ständig herumzerren – er muss nur begreifen, wo sein Platz ist und wo seine Grenzen sind. Der Vorteil ist außerdem, dass Sie sich nicht so schnell in die Leine verstricken können.

Bei der idealen Leinenführung geht der Hund neben seinem Besitzer oder eine halbe Länge vor ihm.

Beruf: Gassigeher

Während Tausende von New Yorkern in Fitness-Studios trainieren, absolviert Deborah Manheim ihr Training auf der Straße. Sie führt täglich Dutzende von Hunden aus, manchmal fünf zur gleichen Zeit, was sich zu 180 kg zerrenden Lebendgewichts addieren kann. Nach einer halben Stunde tauscht sie eine Gruppe gegen die nächste aus und dann kommt die übernächste – und das vier bis acht Stunden täglich. Auf den belebten Straßen New Yorks kann schon das Ausführen eines einzelnen Hundes eine Herausforderung sein. Das Gehen mit fünf Hunden erfordert

Geschicklichkeit, kräftige Arme und sehr viel Einfühlungsvermögen. Außerdem muss die Hundeführerin wissen, welcher ihrer Schützlinge dominiert und welcher sich unterwirft, und die Gruppen entsprechend zusammenstellen. Deborah Manheim hat gelernt, dass zum Ausführen von Hunden keine übermenschlichen Kräfte nötig sind, wohl aber gesunder Menschenverstand. Besonderen Spaß macht es ihr deshalb immer, wenn sie mit ihrem Rudel entspannt an einem Zwei-Meter-Mann vorbeizieht, der einen einzigen widerspenstigen Vierbeiner nicht in den Griff bekommt.

3. Wenn Sie langsamer werden oder stehen bleiben, soll Ihr Hund das auch tun. Das wird er anfangs nicht begreifen. Um es ihm klarzumachen, halten Sie ihm die Handfläche vors Gesicht, denn dadurch wird er automatisch langsamer. Dies ist dann der richtige Moment für einen Befehl wie »Sitz!« oder »Fuß!«.

Jedem Hund seine eigene Leine. Ein Spaziergang mit zwei Hunden kann ein doppeltes Vergnügen oder ein doppeltes Problem sein. Professionelle Hundeausführer benutzen Koppelriemen, wenn sie zwei oder mehr Hunde ausführen, aber Experten empfehlen separate Leinen, und zwar eine oder mehrere in jeder Hand. Das erfordert allerdings einige Übung. Wenn Sie den Hunden zu viel Spielraum lassen, müssen Sie damit rechnen, dass sich die Hunde – oder Sie – in den Leinen verheddern.

Patentrezept Gut erzogene (oder alte) Hunde genießen auch einen gemächlichen Spaziergang. Temperamentvolle Hunde aber brauchen ein flottes Tempo – weil es ihnen hilft, Energie abzubauen, und weil sie dann weniger leicht abgelenkt werden. Rasches Gehen ist die beste Methode, den Hund dazu zu bringen, seine Aufmerksamkeit mehr auf Sie zu richten als auf das, was um ihn herum passiert.

Entfesselungskünste

Es mag einen Hund geben, der sich noch nie in seiner Leine verstrickt oder seinen Besitzer zum Stolpern gebracht hat, doch das ist ziemlich unwahrscheinlich. Die Länge und Flexibilität, die Leinen so vielseitig machen, bewirken gleichzeitig, dass sie nur schwer zu kontrollieren sind.

Grundlektionen wie das Sitzen oder Bei-Fuß-Gehen kann jeder Hund in ein paar Wochen lernen. Die wahren Probleme stellen sich erst ein, wenn Sie mit Dingen konfrontiert werden, die in der Hundeschule nicht gelehrt werden. Wie z. B. das Beseitigen eines Hundehaufens – mit einer Plastiktüte in der einen und einer zuckenden Leine in der anderen Hand. Oder der Umgang mit einem Hund, der ständig zieht, ganz gleich, wie stark man zurückzieht. Oder einen Hund dazu zu bringen, dass er weitergeht, wenn er es nicht will.

Kot beseitigen

Selbst dem großen Bühnenmagier Houdini wäre es wohl schwer gefallen, ein glitschiges Häufchen zu beseitigen und dabei gleichzeitig einen energiegeladenen Hund zu kontrollieren. Menschen, die ihre Hunde ausführen, werden täglich mit diesem Problem konfrontiert. In Zoohandlungen gibt es alle möglichen Gerätschaften zur Kotbeseitigung, aber die einfachste und wirksamste Methode ist auch die billigste.

Stecken Sie vor jedem Spaziergang ein oder zwei leere Plastikbeutel ein. Wenn der Hund seinen Stopp einlegt, wickeln Sie sich die Leine ausnahmsweise mehrmals ums Handgelenk und stecken Sie die Leinenhand in einen Plastikbeutel. Mit der durch den Beutel geschützten Hand nehmen Sie den Haufen auf und benutzen Sie die andere Hand dazu, den Beutel umzustülpen. Knoten Sie den Beutel zu und entsorgen Sie ihn im nächsten Abfallbehälter.

Ziehen

Hunde bewegen sich am liebsten auf einem Zickzackkurs voran, und zwar gewöhnlich ziemlich schnell. Sie wissen zwar, dass sie an der Leine sind, doch sie wissen auch, dass sich die Leine bewegt, wenn sie es tun – sofern sie nur kräftig genug daran ziehen. Es gibt viele Möglichkeiten, das Ziehen zu unterbinden. Hier sind zwei, die das Ausprobieren lohnen:

Wenn der Hund vorwärts strebt, ziehen Sie nicht zurück, sondern drehen Ihren Körper leicht zur Seite, stemmen die Füße in den Boden und bleiben abrupt stehen. Hunde ziehen instinktiv, wenn jemand zurückzieht, neigen aber zum Aufgeben, wenn sie spüren, dass das, woran sie befestigt sind, nicht nachgibt. Außerdem löst das abrupte Stehenbleiben einen kurzen, unangenehmen Ruck am Halsband aus.

Hunde ziehen nur dann an der Leine, wenn die Umgebung ihre Aufmerksamkeit stärker beansprucht als ihr Besitzer. Um die Aufmerksamkeit wieder auf sich zu lenken, warten Sie, bis der Hund vorstürmt, so weit die Leine es erlaubt. Dann machen Sie kehrt und gehen Sie in die entgegengesetzte Richtung. Das überrascht den Hund, und Hunde mögen keine Überraschungen. Er wird bald lernen, dass es bequemer ist, sich in Ihrem Tempo fortzubewegen.

Stehenbleiben

Dazu kommt es zumeist, wenn der Hund etwas sieht, das ihm nicht geheuer ist. Das kann ein

Eine Möglichkeit, auf das Ziehen des Hundes zu reagieren, besteht darin, sich abzuwenden, die Füße fest aufzusetzen und so lange stehen zu bleiben, bis der Hund nicht mehr zieht.

Sofort kehrtzumachen und in die andere Richtung zu gehen stellt für den Hund eine unangenehme Überraschung dar. Er wird lernen, dass es sich lohnt, auf Herrchen zu achten, statt einfach loszustürmen.

HILFERUF

Was ein Hund denkt, kann man nie wissen, aber manche Hunde (überwiegend Welpen) haben vor den merkwürdigsten Dingen Angst: vor Treppen, Laternenpfählen, Türschwellen oder sogar einer leeren Chipstüte.

Die meisten Hunde überwinden ihre Ängste im Laufe der Zeit, aber nicht alle, und was als harmlose Furcht begann, kann sich zu einer regelrechten Phobie auswachsen, die sie ohne Hilfe nicht wieder loswerden. Deshalb sollten Sie Ihren Tierarzt aufsuchen, sobald sich die ersten Anzeichen von Angstzuständen bemerkbar machen. Er wird entweder einen Verhaltenspsychologen empfehlen oder Medikamente verschreiben, die dem Hund helfen, seine Ängste ein wenig besser zu ertragen.

sich nähernder anderer Hund oder Mensch ebenso sein wie ein etliche Meter entferntes Verkehrsschild. Die meisten Hunde reagieren auf solche Angstauslöser, indem sie erstarren oder versuchen, in die andere Richtung zu fliehen. Das ist leicht zu korrigieren, doch es kann einige Zeit dauern. Nur an der Leine zu ziehen hat keinen Sinn, weil ein Hund, der Angst hat, nicht kooperieren kann.

Wenn Sie sich etwas nähern, vor dem der Hund Angst hat, stellen Sie sich zwischen ihn und das beängstigende Objekt und ermutigen Sie den Hund, daran vorbeizurennen. Wahrscheinlich müssen Sie ziemlich dick auftragen, aber da Sie ihm Sicherheit vermitteln und ihm suggerieren, wie mutig er ist, wird er vermutlich losflitzen. Danach muss er ausgiebig gelobt und mit einem Leckerbissen belohnt werden.

PROBLEM HUND

NAME FRITZ

RASSE GREYHOUND

ALTER 3 JAHRE

WORUM GEHT ES Kurz nach seinem zweiten Geburtstag wurde »Profi«-Windhund Fritz aus dem Rennsport genommen, doch seine Begeisterung für Schnelligkeit ist ungebrochen. Jeden Tag saust er mehrere Male durchs ganze Haus, springt auf die Möbel und macht wilde Sprünge um den Esstisch herum. Ziemlich rasch stellten seine Besitzer fest, dass sie eigentlich zwei Fritze haben: einen Drinnen-Fritz und einen Draußen-Fritz. Der Drinnen-Fritz ist ein übermütiges Energiebündel, aber der Draußen-Fritz ist alles andere als schnell. Sobald er das Haus verlassen hat, ist er so verängstigt, dass er es kaum wagt, eine Pfote zu heben. Er zittert, senkt den Kopf, klemmt den Schwanz ein und versucht, sich hinter den Beinen seiner Besitzer zu verstecken. Denen ist klar, wie stressig das Leben im Rennsport sein kann, und es bricht ihnen das Herz, wenn sie mit ansehen müssen, was aus Fritz geworden ist.

WAS TUN Leider kommen die meisten Rennhunde mit der Welt außerhalb ihrer Zwinger und Rennstrecken kaum in Berührung. Sie lernen weder viele Leute kennen, noch werden sie ausgeführt. In einem Alter, in dem andere Welpen die Welt erkunden, sind sie in einem Käfig eingesperrt. Wie viele Greyhounds, die Rennen gelaufen sind, könnte auch Fritz eine Angst vor offenen Räumen entwickelt haben, weil er nie Bekanntschaft mit ihnen gemacht hat. Seine Besitzer müssen versuchen, ihn an die Außenwelt zu gewöhnen. Weil er so verängstigt ist, muss das ganz allmählich geschehen – z. B. zuerst im eigenen Hof oder Garten. Sobald Fritz sich etwas wohler fühlt, wenn er sich außerhalb der eigenen vier Wände aufhält, können sie zu kurzen Spaziergängen übergehen. Es kostet eine Menge Zeit und Geduld, doch die meisten Hunde lernen, diese Art von Angst zu überwinden. In manchen Fällen überwinden sie sie sogar ein wenig zu gut. Greyhounds sind auf Schnelligkeit gezüchtet, und der Drang zum Rennen liegt ihnen im Blut. Sobald Fritz seine Ängste überwunden hat, sollte man ihm erlauben, an sicheren Orten zu rennen, weil diese Rasse so sehr dazu neigt, dem Renntrieb zu folgen, dass die Tiere manchmal vergessen, wo sie sind, und einfach davonrennen.

KAPITEL ZWEIUNDZWANZIG

Andere Hunde

Manche Hunde sind begeistert, wenn sie Artgenossen begegnen, andere dagegen ängstlich und wieder andere sofort kampfbereit. Unter Hunden gibt es instinktive Begrüßungsrituale, doch jeder Hund kann lernen, seine Artgenossen ein wenig gesitteter zu begrüßen.

Gerd Vollmer aus Hagen ist ein friedlicher Mensch, der fast alle Hunde mag. Aber wenn es um Didi, den Dackel seines Schwagers, geht, sieht er rot. »Wenn Didi in mein Haus kommt, stürzt er sich sofort auf meine Hündin Trixi. Er beschnüffelt ihr Hinterteil und denkt nicht daran, damit aufzuhören. Dieses Tier ist sexbesessen.« Vom menschlichen Standpunkt aus ist die Verärgerung verständlich. Wenn ein anderer Mensch auf die Idee käme, uns durch Schnüffeln an intimen Körperstellen zu begrüßen, wären wir, um es gelinde auszudrücken, fassungslos. Doch Hunde machen das routinemäßig – und wenn sie können, würden sie das auch bei Menschen tun. Aus ihrer Sicht ist das ein völlig normales Verhalten.

Das ist nur ein Beispiel für Verhaltensweisen von Hunden, die sich erheblich von denen der Menschen unterscheiden, und diese Unterschiede können zu Problemen führen. Hunde haben das Recht, sie selbst zu sein und die Gesellschaft anderer Hunde zu genießen. Andererseits möchte niemand jedes Mal vor Scham im Boden versinken, wenn sein Hund einem anderen begegnet. Hunde werden nie lernen, auf den Hinterbeinen zu stehen und jemandem die Hand bzw. die Pfote zu geben, aber man kann ihnen beibringen, ein wenig höflicher zu sein.

Wer bist du?

Die Begrüßungsrituale von Hunden sind ebenso vielfältig und variabel wie unsere. Auch ein Hund begrüßt einen Artgenossen, den er kennt, anders als einen fremden Hund. Dem äußeren Anschein zum Trotz ist ihre Art, »Hallo« zu sagen, bemerkenswert bedächtig und höflich.

Sobald die Hunde Blickkontakt aufgenommen haben, beginnen sie, aufeinander zuzugehen. Unterwegs bleiben sie gewöhnlich kurz

Diese Hunde, ein Beagle und ein Golden Retriever, begrüßen sich, indem sie sich zuerst im Gesicht beschnuppern. Später kommt das Hinterteil dran.

stehen, um Gras oder etwas anderes zu beschnuppern. Das ist ihre Art zu signalisieren, dass sie nicht aggressiv sind, und, was noch wichtiger ist, dass sie nicht vorhaben, den anderen anzustarren, was ein Ausdruck von Feindseligkeit wäre. Wenn sie einander schließlich nahe gekommen sind, fangen sie an, sich zu beschnuppern, gewöhnlich zuerst am Kopf und an den Ohren und dann am Rest des Körpers.

Die entspannte Körperhaltung dieses Samojeden lässt erkennen, dass er die Inspektion durch den Fremden nicht als bedrohlich empfindet.

Dass Hunde das Hinterteil anderer Hunde beschnuppern, hat einen guten Grund. Im Anal- und Genitalbereich – und in geringem Maße auch in den Ohren, an den Lippen und auf dem Kopf – sitzen Drüsen, die interessante und informative Düfte verströmen. Ein kurzes Schnuppern verrät Hunden alles über das Geschlecht, das Alter und die mögliche Paarungsbereitschaft ihres Gegenübers.

Der Dackel Didi denkt deshalb wahrscheinlich überhaupt nicht an Sex, wenn er Trixis Hinterteil beschnuppert. Wahrscheinlich versucht er sich nur ins Gedächtnis zu rufen, wer Trixi ist.

Soziale Gesten

Die Begrüßungsrituale von Hunden sind leicht zu erkennen, aber die Botschaften, die sie beinhalten, sind sehr komplex. Wer in der Nachbarschaft viele Hunde hat, kann all diese Rituale beobachten; doch nur wer weiß, was sie zu bedeuten haben, kann beurteilen, ob eine Begegnung friedlich oder kämpferisch ablaufen wird. Außerdem sollte man bedenken, dass all das Schnuppern, Beinheben und Drängeln eine reine Hundeangelegenheit ist und mit menschlichem Verhalten nicht das Geringste zu tun hat.

»Leg dich nicht mit mir an!« Hunde sind extrem status- und machtbewusst. Selbst in der modernen, geschützten Welt, in der ihr Status für das Überleben keine Rolle mehr spielt, unterstreichen sie ihre Überlegenheit durch wütendes Bellen, Anstarren, Peitschen mit dem Schwanz oder Knurren. Ein Hund, der diese und andere Signale der Aggression aussendet, sagt damit anderen Hunden, dass sie sich fern halten sollen. Außerdem fordert er sie vielleicht auch auf, sich von seinem Herrchen oder Frauchen fern zu halten.

»Hallo, wer bist du?« In einer Welt der kurzen Leinen ist es für Hunde schwierig, anderen Hunden zu folgen. Um es zu versuchen, ziehen sie meist mit aller Kraft an der Leine. Das ist kein Ungehorsam – sie sind lediglich bestrebt, ihre Hundepflicht zu erfüllen.

»Wer ist der Boss?« Da der soziale Status für Hunde immer eine große Rolle spielt, müssen Hunde als Erstes herausfinden, ob der andere besonderen Respekt verdient oder nicht. In der frühen Entwicklungsgeschichte des Hundes war die Entscheidung über die Führerschaft überaus wichtig, und noch heute wird die Frage nach der Ranghöhe jedes Mal gestellt, wenn sich zwei oder mehr Hunde begegnen.

Meist rührt sich der eine Hund nicht von der Stelle, während der andere, selbstbewusstere neben ihm steht und versucht, ihn zu überragen. Dann fährt der dominierende Hund oft mit der Nase über den Rücken des anderen. Sofern der unterlegene Hund nicht die Absicht hat, auf seinen eigenen Status zu pochen, ist dies der Moment, in dem er sich auf den Rücken legt – und oft auch auf den Gehsteig uriniert.

»Jawohl, ich bin der Boss!« Das ist ein sehr aggressives Verhalten, das oft an den Tag gelegt wird. Wenn das Schnupper-Vorspiel beendet ist, kommt es vor, dass ein Hund ganz dicht neben dem anderen uriniert. Das ist seine Art zu demonstrieren, dass er der Überlegene ist. Die Chancen stehen gut, dass der andere sich unterwirft; es kann aber auch sein, dass er seinem Missfallen Ausdruck verleiht, indem er auf die Pfütze des anderen uriniert. An diesem Punkt lässt sich nicht vorhersagen, wie es weitergeht – Hund Nummer eins muss entscheiden, wie er auf die Herausforderung von Hund zwei reagieren will. In vielen Fällen verzichten beide auf weitere Rituale und fangen an, miteinander zu spielen.

»Ich möchte spielen.« Hunde verfügen über eine unmissverständliche Geste, die anzeigt, dass sie in Spiellaune sind. Es ist die so genannte Spielverbeugung, bei der sie die Vorderbeine so weit ausstrecken, dass der Brustkorb fast den Boden berührt, während das Hinterteil in die Luft ragt. Diese Haltung wird oft von Schwanzwedeln und einem »Grinsen« begleitet. Sie bedeutet, dass der Hund bester Laune ist und den anderen Hund – oder einen Menschen – zum Spielen auffordert.

»Wenn wir kämpfen, gewinne ich.« Hunde haben kraftvolle Körper und ebenso kraftvolle Kiefer, ziehen aber zumeist das Posieren dem Kämpfen vor. Hunde haben schon früh gelernt, dass ein guter Bluff denselben Effekt haben kann wie ein echter Kampf und wesentlich ungefährlicher ist. Aber gelegentlich muss es wohl sein. Dann erheben sich beide auf die Hinterbeine und schlagen mit den Vorderpfoten aufeinander ein. Diese Position ähnelt der bei spielerischen Kämpfen und es ist nicht immer leicht, den Unterschied zu erkennen. Echte Aggression ist immer mit wütendem Knurren verbunden, und nach wenigen Sekunden werden Sie wissen, ob es Spiel ist oder ein echter Kampf bevorsteht.

Mit der Spielverbeugung, bei der der Hund das Hinterteil emporreckt und mit dem Schwanz wedelt, werden andere zum Mitspielen aufgefordert.

Dieser Border Collie darf sich austoben, bevor er auf andere Hunde trifft – wahrscheinlich die beste Methode, ihn ruhig zu halten.

Friedliche Spaziergänge

Man braucht kein Hundeexperte zu sein, um Verstöße gegen die guten Sitten zu erkennen. In gewisser Hinsicht hat das weniger mit der hündischen Etikette zu tun als mit den menschlichen Erwartungen. So mag es für Hunde z. B. ganz natürlich sein, ihre Überlegenheit durch Knurren und Vorwärtsstürmen zu demonstrieren, aber man gewinnt nicht viele Freunde, wenn es der eigene Hund ist, der sich so verhält. Hunde werden nie auf ihre natürlichen Rituale verzichten, ein wenig können sie sich aber auch in dieser Beziehung den Menschen anpassen. Und die Menschen ihrerseits müssen sich damit abfinden, dass Hunde manchmal ziemlich peinliche Dinge tun: sich beschnuppern, urinieren und sich bespringen.

Erst austoben lassen. Die meisten Hunde liegen viel herum und tun nichts, obwohl sie eigentlich voller Energie stecken. Wie Kinder, die an einem schönen Sommertag aus der Schule entlassen werden, sind sie vor Begeisterung aus dem Häuschen, wenn ihnen eine Gelegenheit zum Spielen geboten wird. Je größer die Energie ist, die sich aufgestaut hat, desto eher müssen Sie damit rechnen, dass der Hund die Begrüßungsrituale übertreibt, was bedeutet, dass er gar nicht wieder aufhören wird, seinen neuen Bekannten zu beschnuppern, von oben bis unten abzulecken und zu bespringen.

Um die Begeisterung in Grenzen zu halten, sollten Sie dafür sorgen, dass Ihr Hund Dampf ablässt, bevor er auf andere Hunde trifft. Am besten wählen Sie für den ersten Teil Ihres Spazierwegs eine relativ hundefreie Strecke aus, damit Ihr Hund sich schon ausgetobt hat, bevor er fremden Hunden begegnet.

Eingreifen und das Kommando übernehmen. Es wäre vermessen, einem Italiener beibringen zu wollen, wie man das Wort »ciao« ausspricht. Auch Hunde kennen ihre eigenen Umgangsregeln besser, als wir sie je kennen werden. Deshalb ist es normalerweise das Beste, einen Schritt zurückzutreten und sie tun zu lassen, was sie für richtig halten. Das gilt jedoch nicht für Situationen, in denen Aggression in der Luft liegt.

Ein solches Problem lässt sich leicht lösen, wenn beide Hunde angeleint sind; man zieht sie einfach in entgegengesetzte Richtungen. Wenn aber nur Ihr Hund an der Leine ist und der andere nicht, müssen Sie sofort Ihre Autorität geltend machen, indem Sie den fremden Hund ansehen und mit fester, lauter Stimme »Stopp!« oder »Verschwinde!« sagen. Auf diese Weise können Sie die Konzentration des fremden Hundes so stören, dass er nicht angreift.

Die Wahl der Freunde dem Hund überlassen. Wenn es um Freundschaft geht, haben Hunde ihre eigenen, für uns nicht immer nachvollziehbaren Kriterien, die wir respektieren müssen. Das Einzige, was wir tun können, ist, auf die Körpersprache zu achten, wenn sich zwei Hunde begegnen. Solange Spielsignale zu sehen sind – ein locker wedelnder Schwanz, ein glückliches Grinsen und eifriges Vor- und Zurückspringen –, kann man sicher sein, dass sie gut miteinander auskommen.

Aber auch ein angespannter Körper bedeutet nicht unbedingt, dass die Hunde vorhaben, miteinander zu kämpfen. Viele Hunde reagieren nervös auf die Begegnung mit Artgenossen und sind deshalb etwas verkrampft. Trotzdem sollten Sie Hunde nicht zusammenbringen, wenn die Signale nicht stimmen, vor allem dann nicht, wenn sie an der Leine sind. Frei laufende Hunde können sich nach Belieben nähern oder davonlaufen. Wenn beide Hunde angeleint sind, können sie das Gefühl haben, in der Falle zu sitzen, was dazu führt, dass sie sich noch mehr verspannen. Deshalb ist es nie verkehrt, auf die andere Straßenseite zu wechseln, wenn sich jemand mit einem fremden Hund nähert. Wenn Sie sich häufiger begegnen, bleibt immer noch Zeit, die beiden Bekanntschaft schließen zu lassen.

Schnell fortgehen. Manche Hunde müssen immer etwas beweisen. Wenn Ihr Hund zu dieser Sorte gehört oder es in der Nachbarschaft einen ähnlich veranlagten Hund gibt, kann auch ein beiläufiges Schnuppern schnell unerfreulich werden. Selbst wenn die Hunde sich nicht so nahe kommen, dass Tätlichkeiten möglich sind, müssen Sie doch an Ihrem Hund herumzerren, um ihn aus der Gefahrenzone zu bringen.

Wo Frieden nicht möglich ist, ist Rückzug die einzige Option. Wenn Sie den Eindruck haben, dass ein Kampf droht, machen Sie sofort kehrt und gehen Sie davon.

Die Stimme senken. Wenn Hunde kämpfen, neigen ihre Besitzer dazu, sie anzuschreien. Das nützt nichts – im Gegenteil, es kann die Aggression sogar verstärken. Eine bessere Methode ist es, die Stimme zu senken und für Ablenkung zu sorgen, indem man sich rasch vom Schauplatz des Kampfes entfernt.

SCHON GEWUSST

Haben Hunde stinkende Pfoten?

Obwohl man Hunden oft nachsagt, dass sie aus dem Maul riechen und stinken, wenn ihr Fell nass ist, riechen sie zumeist recht angenehm – sofern sie sich nicht gerade in Kot gewälzt oder der Katzentoilette einen Besuch abgestattet haben.

Aber es gibt eine Stelle, an der Hunde ebenso unangenehm riechen wie Menschen, und zwar an den Füßen. Genauer gesagt an den Unterseiten ihrer Pfoten. Hier sitzen Poren, die eine geruchsintensive Flüssigkeit absondern. Sie ermöglicht es einem Hund, seine Anwesenheit kundzutun und zu erschnuppern, wo ein anderer Hund entlanggegangen ist.

Dieser Geruch kann sehr stark sein – aber nur für eine empfindliche Hundenase. Menschen nehmen ihn normalerweise gar nicht wahr. Und im Gegensatz zu Menschen sind die Hunde auf ihre »Stinkefüße« angewiesen – sie brauchen sie, um mit anderen Hunden zu kommunizieren.

Einen Hundekampf beenden

Die meisten Hundekämpfe sind unerfreulich, heftig und kurz. Sie dauern selten länger als ein paar Sekunden, aber in dieser Zeit können sich die Tiere ernsthafte Verletzungen beibringen. Es liegt an Ihnen, die Kontrahenten zu trennen – ohne selbst verletzt zu werden. Wenn ein Hund kämpft, erkennt er in Ihnen nicht seinen liebevollen Besitzer. Zu Hause mag er ein verschmustes Tier sein, aber in einem Kampf gewinnen uralte Instinkte die Oberhand und wer zwischen die Fronten gerät, muss damit rechnen, gebissen zu werden. Es gibt verschiedene Methoden, einen Kampf zu beenden oder zumindest zu unterbrechen. Die folgenden haben sich als besonders wirkungsvoll erwiesen:

Nassspritzen. Hunde hassen es, bespritzt zu werden, und manchmal kann man sie mit Wasser aus dem Gartenschlauch trennen. Das funktioniert nicht immer, ist aber bei großen Hunden manchmal die einzige Möglichkeit.

Selbstschutz. Wenn kleinere Hunde kämpfen, sollten Sie eine Decke oder Ihren Mantel über beide Hunde werfen. Das schützt Sie vor Bissen und Kratzern, wenn Sie versuchen, die Hunde zu trennen.

KAPITEL DREIUNDZWANZIG

Katzen

Katzen wollen in Ruhe gelassen werden, aber für Hunde ist alles, was sich bewegt, ein potenzielles Spielzeug. Wegen dieser unterschiedlichen Mentalität brauchen sowohl Katzen als auch Hunde ein wenig Hilfe bei ihren Verständigungsproblemen.

Katzen sind klein, sie rennen im Zickzack, und sie riechen interessant. Deshalb sind sie so ziemlich die besten Plüschtiere, die ein Hund sich wünschen kann. Katzen sehen das natürlich anders, und deshalb prallen Welten aufeinander, wenn sich Hund und Katze begegnen. Katzen können es ziemlich leid sein, vom besten Freund des Menschen belästigt zu werden, und die Menschen sind es nicht weniger leid, Katzen retten zu müssen, die sich auf einen Baum geflüchtet haben oder versuchen, einem Hund zu entkommen.

Hunden beizubringen, dass sie auf Katzen mehr Rücksicht nehmen müssen, ist sehr schwierig, weil jede Faser ihres Körpers auf Verfolgung drängt. Sowohl Hunde als auch Katzen sind Raubtiere, deren Instinkte ihnen befehlen, alles Jagdbare zu verfolgen, zumal dann, wenn es kleiner ist als sie selbst.

RASSENSPEZIFISCHES

Die meisten Hunde jagen Katzen, weil es Spaß macht, aber für manche Rassen ist es eine Lebensaufgabe. Wachhunde wie Pitbulls sowie Beagles und Jack-Russell-Terrier (rechts), die für die Kleintierjagd gezüchtet wurden, sind kaum davon abzuhalten.

Die Nachbarn kennen lernen

Hunde und Katzen sind keine natürlichen Feinde, aber sie sind sehr verschieden. Hunde neigen dazu, gesellig und extrovertiert zu sein, während Katzen eher zurückhaltende Einzelgänger sind. Ein Hund sieht eine Katze an und denkt sich: »Prima! Hier ist etwas, mit dem ich spielen kann!« Die Reaktion der Katze ist lediglich: »Lass mich in Ruhe.«

Katzen werden nie lernen, sich wie Hunde zu benehmen, aber Hunde können lernen, in ihren Begrüßungsritualen katzenähnlicher – oder zumindest höflicher – zu werden. Am leichtesten ist es, jungen Hunden beizubringen, dass sie Katzen respektieren müssen, aber auch ältere Hunde können bessere Umgangsformen lernen.

Nichts überstürzen. Hunde jagen nur selten Katzen, mit denen sie zusammenleben, weil sie begreifen, dass diese kleinen

Geschöpfe ihre Freunde sind und ein bisschen Respekt verdienen. Dasselbe Gefühl können sie auch für Katzen in der Nachbarschaft entwickeln, sofern man sie angemessen miteinander bekannt macht.

Die Tiere müssen eine gewisse Zuneigung füreinander entwickeln, und das geschieht am besten, indem man häufig Begegnungen herbeiführt. Wenn Sie mit Ihrem Hund an der Leine spazieren gehen, lassen Sie ihn sich einer Katze nähern, sorgen Sie aber dafür, dass das langsam geschieht. Viele Katzen werden diese kontrollierte Annäherung dulden und mit einem kurzen Beschnuppern darauf reagieren. Sooft sich die Gelegenheit bietet, sollten Sie weitere Annäherungsversuche unternehmen – bei derselben Katze und bei anderen, die Ihnen unterwegs begegnen – und den Hund jedes Mal ein wenig näher heranlassen. Mit der Zeit wird er begreifen, dass Katzen keine Beute sind.

Wenn Sie keinen Zweifel daran lassen, dass Katzen willkommene Hausgenossen sind, wird auch der Hund schnell lernen, sie zu akzeptieren.

Mit gutem Beispiel vorangehen. In schwierigen Situationen orientieren sich Hunde an der Reaktion des Menschen. Deshalb sollten Sie sich zwischen Hund und Katze hinhocken, den Hund mit einer Hand festhalten und mit der anderen die Katze streicheln. Der Hund wird erkennen, dass zwischen Ihnen und der Katze eine Beziehung besteht, und sich ein Beispiel daran nehmen.

Auf Warnsignale achten. Die meisten Hunde kommen mit Katzen gut aus, aber einigen ist schon der Gedanke an Katzen zuwider. Behalten Sie Ihren Hund gut im Auge und achten Sie auf Anzeichen von Aggression.

Alle unter einem Dach

Hunde haben meist keine Mühe, mit Katzen auf der anderen Straßenseite auszukommen oder sie zumindest zu ignorieren. Etwas problematischer ist es, wenn sie in ihrem eigenen Revier auf eine Katze treffen. Mit der Zeit wird der Hund vermutlich lernen, sich mit einer Katze zu vertragen, die neu ins Haus gekommen ist, aber die ersten Wochen können anstrengend sein. Hier ein paar Tipps, wie Sie dafür sorgen können, dass sich der Hund gut benimmt:

Trennen – aber mit Sichtkontakt. Hunde neigen dazu, ihr Revier zu verteidigen, und reagieren deshalb oft feindselig auf Neuankömmlinge, wobei es keine Rolle spielt, ob es sich

Hund und Katze sind keine natürlichen Feinde. Oft werden sie sogar die besten Freunde, vor allem, wenn ihre Besitzer sie dazu ermutigen.

dabei um eine Katze oder einen anderen Hund handelt. Deshalb müssen Sie dafür sorgen, dass sich die Tiere allmählich aneinander gewöhnen. Eine Möglichkeit ist ein Kindergitter, das die beiden trennt, so dass sie sich ein paar Tage lang betrachten und beschnuppern können. Wenn sich die Katze dem Gitter ohne Angst nähert und der Hund einen eher neugierigen als aufgeregten Eindruck macht, können Sie das Gitter wegnehmen und sie zusammenlassen.

Nicht einmischen. Menschen wollen immer zu Hilfe eilen, wenn ihre Haustiere aneinander geraten, aber dadurch machen sie die Dinge oft noch schlimmer. Hund und Katze müssen eine natürliche Hierarchie aufstellen. Wenn Sie sich einmischen, das dominante Tier ausschimpfen und die Partei des Unterlegenen ergreifen, verlängern Sie nur den Machtkampf.

Für Fluchtwege sorgen. Selbst in den friedlichsten Haushalten kann es vorkommen, dass der Hund aus reinem Übermut die Katze attackiert oder sogar ins Maul nimmt und schüttelt, woraufhin sie natürlich faucht und die Krallen ausfährt oder in Panik gerät. Deshalb brauchen Katzen immer einen Fluchtweg, z. B. eine Katzenklappe, die für den Hund zu klein ist. Geeignet ist auch ein Kratzbaum, der es der Katze erlaubt, sich schnell außer Reichweite des Hundes zu bringen. Katzen, die wissen, dass sie flüchten können, neigen weniger dazu, aggressiv auf Hunde zu reagieren.

Patentrezept Ganz gleich, wie scharf Hunde darauf sind, Katzen zu jagen – ihr Fressen ist ihnen fast immer wichtiger. Stecken Sie sich in den ersten Tagen nach der Ankunft Ihres neuen Haustiers ein paar Leckerbissen in die Tasche. Wenn der Hund zu ungestüm wird, werfen Sie ihm ein Leckerli hin. Hunde können nicht gleichzeitig fressen und jagen, und wenn sie die Wahl haben, entscheiden sie sich fürs Fressen.

SCHON GEWUSST

Warum Katzenfutter?

Vor die Wahl zwischen dem eigenen Futter und dem der Katze gestellt, lassen Hunde fast immer das eigene Futter stehen und leeren stattdessen den Katzennapf. Hunde sind von Natur aus auf Eroberungen aus und genießen das Gefühl, einem anderen etwas weggeschnappt zu haben. Doch der Hauptgrund ist: Es schmeckt einfach zu gut. Katzen brauchen in ihrer Nahrung mehr Fett als Hunde und das Fettaroma reizt den Hund. Außerdem rühren Katzen ihr Futter nicht an, wenn es nicht einen kräftigen Geschmack und ein noch kräftigeres Aroma hat. Diesem Geschmack und Geruch, den Katzen so attraktiv finden, können auch Hunde nicht widerstehen.

KAPITEL VIERUNDZWANZIG

Fremde Leute

Wenn wir so viel Zeit allein verbringen müssten wie Hunde, würden wir auf die Begegnung mit anderen Menschen sicher auch aufgeregt reagieren. Aber jeder Hund kann lernen, sich Menschen gegenüber höflich und gesittet zu betragen.

Begrüßungen zwischen Menschen kommen Hunden zweifellos merkwürdig reserviert vor. Wir begrüßen Fremde mit einem Kopfnicken und einem höflichen Händedruck. Hunde sind da weniger zurückhaltend. Sie neigen dazu, auf Menschen mit der Noblesse eines Rammbocks zuzugehen. Sie bellen vor Freude, wenn sich jemand nähert, rennen aufgeregt im Kreis herum, springen hoch und setzen dem Nichtsahnenden die Pfoten auf die Brust. Mit anderen Worten, sie reagieren mit dem ganzen Körper.

Aus ihrer Sicht ist die Welt der Menschen ein verwirrendes Durcheinander von sich bewegenden Armen und Beinen und einem nie endenden Geplapper, das sie nicht verstehen. Ihre Sinne werden ständig überreizt, und die Begegnung mit fremden Leuten steigert diese Überreizung noch weiter. Dinge, die wir für selbstverständlich halten – das Klimpern von Schlüsseln, das Rascheln eines Regenmantels, der Duft von Parfüm –, bringen sie auf die Idee, dass gleich etwas Wunderbares passieren wird, und das regt sie so auf, dass sie sich kaum noch beherrschen können.

Natürlich gibt es Unterschiede. Hunde, die ständig Fremden begegnen, nehmen die ganze Sache gelassen hin, aber andere, die fremde Menschen nur selten zu Gesicht bekommen, geraten vollkommen aus dem Häuschen. Um das zu vermeiden, sollten Sie Ihren Hund, solange er noch jung und lernfähig ist, mit so vielen Leuten wie möglich in Kontakt bringen.

Gesittetes Benehmen

Wer viel ins Ausland reist, weiß, dass es manchmal ganz schön schwierig sein kann, die gesellschaftlichen Gepflogenheiten anderer Kulturen nicht zu missachten. Sich tief verneigen, die Unterarme berühren oder Küsse tauschen sind nur einige der Arten, wie Menschen einander begrüßen.

Hunde, die schon früh Bekanntschaft mit vielen Leuten machen konnten, haben in dieser Hinsicht kaum Probleme.

Hunde sind tagtäglich in der Situation, dass sie nicht genau wissen, wie sie sich »richtig« verhalten sollen. All ihre Instinkte befehlen ihnen, Menschen auf Hundeart zu begrüßen. Sie wollen ihre Schnauze, ihre Pfoten und manchmal auch den ganzen Körper einsetzen. Wenn man ihnen nicht beibringt, dass sie diese Dinge nicht tun dürfen, und ihnen keine anderen, höflicheren Alternativen aufzeigt, werden sie sich bei den Nachbarn recht schnell unbeliebt machen.

Hunde haben gegenüber Menschen einen großen Vorzug: Sie möchten gern alles richtig machen. Selbst ohne professionelle Gehorsamslektionen können Hunde die Grundlagen des menschlichen Begrüßungsverhaltens schnell erlernen. Hier ein paar Ratschläge von Experten:

Dem Hund Zeit lassen. Es ist kein Zufall, dass Sie und Ihr Hund gewöhnlich ein paar Minuten miteinander allein sind, bevor der Tierarzt das Behandlungszimmer betritt. Wenn man Hunden Zeit lässt, ihre Umgebung in Augenschein zu nehmen, fällt es ihnen leichter, ihre Aufregung über einen fremden Ort und die Begegnung mit einem fremden Menschen zu überwinden, was dem Tierarzt die Arbeit erleichtert.

RASSENSPEZIFISCHES

Die Liebe der Hunde zu ihren Menschen ist bei allen Rassen vorhanden, aber Jagdhunde wie Retriever, Setter, Pointer und Spaniel sind besonders anhänglich, weil sie auf eine sehr enge Zusammenarbeit mit Menschen hin gezüchtet wurden.

Wenn der Hund vor Beginn des Spaziergangs ein wenig herumschnuppern darf, ist er unterwegs wesentlich ruhiger.

Sie können eine ähnliche Technik anwenden, wenn Sie mit Ihrem Hund unterwegs sind und damit rechnen müssen, dass Sie unbekannten Leuten begegnen. Geben Sie ihm vor dem eigentlichen Aufbruch ein paar Minuten Zeit, sich an das Draußensein zu gewöhnen, indem Sie ihm erlauben, im Vorgarten herumzuschnuppern, und ihn ermutigen, auch das Telefonhäuschen an der Ecke ausgiebig zu untersuchen. Wenn Sie ihm genügend Zeit lassen, sich an die Neuartigkeit seiner Umgebung zu gewöhnen, wird er überschüssige Energie los, was ihm hilft, gelassener zu reagieren, wenn in dieser Umgebung auch fremde Menschen auftauchen.

SCHON GEWUSST

Warum umklammern Hunde Menschenbeine?

Selbst Hunde, die eigentlich nichts für Fremde übrig haben, begrüßen sie oft auf eine äußerst intime und unangemessene Art, indem sie das nächstbeste Bein umklammern und es gewissermaßen bespringen. Dieses »Paarungsverhalten« legen vor allem unkastrierte Hunde an den Tag, überwiegend Rüden, manchmal aber auch Hündinnen. Obwohl es so aussieht, hat es nichts mit Sex zu tun, sondern eher damit, dass der Hund bestrebt ist, sich anderen gegenüber zu behaupten.

Wie bei anderen Formen des Körperkontakts, etwa dem Hochspringen und dem Auflegen der Pfoten auf den Schultern eines anderen Hundes, besteigen Hunde einander, um zu signalisieren, dass sie ranghöher sind. In der Wildnis bekamen die ranghöchsten Tiere mehr zu fressen und hatten größere Paarungschancen.

Natürlich kennen Hunde den Unterschied zwischen einem Menschenbein und einem anderen Hund, aber die Botschaft ist mehr oder minder die gleiche: »Ich bin derjenige, der hier das Sagen hat, und ich sorge dafür, dass du es begreifst.«

Eine stumme Lektion erteilen. Hunde gieren geradezu nach Aufmerksamkeit und Anerkennung. Deshalb ist eine Bestrafung oft nicht nötig – in der Regel genügt es, wenn man sie wissen lässt, dass man ihr Verhalten nicht gutheißt. Angenommen, der Hund begrüßt Fremde, indem er sie anspringt. Wenn Sie dieses Verhalten ignorieren – und, was noch wichtiger ist, auch andere bitten, es zu ignorieren –, nehmen Sie ihm die Befriedigung, und manche Hunde verzichten künftig auf dieses Erlebnis.

Auf die Leine treten. Von Leuten, die man nicht kennt, ist es zu viel verlangt, dass sie still stehen bleiben, wenn sie von 40 kg hündischen Überschwangs bedrängt werden. Dann müssen Sie aktiv werden. Wenn sich der Hund einem Fremden mit seinem üblichen Mangel an Taktgefühl nähert, treten Sie einfach auf die Leine – auf diese Weise wird er auf der Stelle gestoppt.

Leine um die Taille legen. Jeder Hund kann lernen, Fremde höflich zu begrüßen, doch das geht nicht von heute auf morgen. Manche Ausbilder empfehlen deshalb, sich die Leine locker um die Taille zu legen, wenn man Fremden begegnet. Das hilft in zweierlei Hinsicht: Zum einen verkürzt es die Leine, wodurch der Hund weniger Raum zum Schnuppern und Hochspringen hat. Zum anderen kann man den Hund auf diese Weise

Ein Hund, der zu einer übermütigen Begrüßung ansetzt, ist leichter zu kontrollieren, wenn man sich die Leine um die Taille schlingt.

zurückziehen, indem man sich lediglich umdreht, und das Bremsen seiner Vorwärtsbewegung ist wirksamer als ein Ziehen an der Leine, auf das der Hund ohnehin mit Gegenziehen reagiert. Ein kurzer Ruck, den sich der Hund bei dieser Methode selbst zufügt, ist eine Botschaft, die er nicht ignorieren kann und auch nicht vergisst. Auf diese Weise lernt er, dass ein Zustürmen auf Fremde unerwünscht ist.

Patentrezept Hunde lernen am schnellsten, wenn ihre Lektionen mit Fressen verbunden werden. Angenommen, der Hund prescht jedes Mal vor, wenn er einen Fremden sieht. Nachdem Sie seinen Vorwärtsdrang gestoppt haben – z. B. mit einem Fuß auf der Leine –, warten Sie einen Moment, bis er sich beruhigt hat, und geben Sie ihm dann einen Hundekuchen oder eine andere Belohnung. Er wird das Fressen mit der Emotion des Augenblicks in Zusammenhang bringen, und die ist nicht Aufregung, sondern Gelassenheit.

Furcht erregende Welt

Die überwiegende Zahl der Hunde liebt Menschen und reagiert begeistert auf sie – vielleicht etwas zu begeistert. Aber es gibt auch Hunde, die einfach Angst haben – Angst vor Menschen, die sie nicht kennen, vor Menschen mit lauten Stimmen, vor hoch gewachsenen Menschen oder vor spielenden Kindern. Manchmal beruht ihre Angst auf etwas, das sie früher erlebt haben, aber oft ist es einfach eine Sache der Veranlagung.

Hilferuf

Für einen Hund ist es ganz natürlich, dass er bellt oder knurrt, wenn sich ein Fremder seinem Revier nähert. Zu Hause gibt es den Menschen seiner Familie ein Gefühl der Sicherheit und ist eine gute Sache. Wenn aber der Hund auch in der Öffentlichkeit so reagiert, werden die Leute nervös, und das mit gutem Grund: Aggressives Verhalten ist beängstigend, denn selbst kleine Hunde können kräftig zubeißen.

Hunde, die auf die Menschen um sie herum aggressiv reagieren, haben den ersten und wichtigsten Teil ihres Vertrages vergessen: »Im Austausch gegen Futter, Liebe und einen warmen Schlafplatz werden wir immer daran denken, dass nicht wir, sondern ihr es seid, die das Sagen haben.«

Aggressives Verhalten ist nicht schwer zu unterbinden; allerdings ist dazu gelegentlich die Hilfe eines Experten erforderlich. Warten Sie aber nicht zu lange, denn Hunde, die zur Aggression neigen, werden im Laufe der Zeit immer aggressiver.

Während der Hund neue Regeln lernt, sollten Sie nach Möglichkeit jeden Blickkontakt vermeiden, denn Hunde betrachten einen direkten Blickkontakt als Herausforderung. Die meisten Hunde lernen zwar, Blickkontakt als etwas ganz Natürliches zu empfinden, aber es kann sein, dass besonders aggressive Tiere ihn nicht tolerieren. Deshalb sollten Sie darauf achten, dass Sie Ihrem Hund gar nicht oder nur kurz in die Augen schauen, bis er sich so verhält, wie Sie es von ihm erwarten.

Hunde, die von Natur aus schüchtern oder nervös sind und nur selten mit anderen Menschen in Berührung kommen, scheuen vor allem zurück – oder knurren und werden aggressiv, wenn ihnen jemand zu nahe kommt. Für diese Hunde kann auch die andere Straßenseite noch zu nahe sein.

Im Allgemeinen kann man Hunden relativ leicht helfen, sich in Gegenwart von Fremden zu entspannen – wenn die Ängste nicht zu tief verwurzelt sind. Die weniger hartnäckigen Fälle lernen am besten, sich ruhig und freundlich zu verhalten, wenn man ihren Magen verwöhnt. Wenn Sie Ihren Hund lehren, ein Wort mit einem bestimmten Leckerbissen in Verbindung zu bringen, können Sie allein durch das Aussprechen dieses Wortes seine Stimmung beeinflussen. Und das geht so:

1. Dem Hund mehrmals am Tag einen Leckerbissen geben und dabei »Keks« sagen. Hunden fällt es schwer, Worte zu erlernen, aber es macht ihnen keine Mühe, sich an die Worte zu erinnern, die etwas Fressbares bezeichnen. Üben Sie so lange, bis der Hund mit dem Schwanz wedelt, wenn er »Keks« hört.

2. Jedes Mal, wenn Sie den Hund dorthin bringen, wo fremde Menschen sind – oder wenn Besucher ins Haus kommen –, füllen Sie sich die Taschen mit Hundekeksen. Sobald der Hund einen Fremden erblickt und noch bevor er weiß, ob er Angst haben muss oder nicht, sagen Sie: »Ob er wohl einen Keks hat?« Wenn er glücklich dreinschaut, bekommt er einen Keks. Wenn Sie immer so verfahren, ist der Hund bald überzeugt, dass jede Begegnung mit fremden Menschen mit einem Keks verbunden ist. Und einem Hund fällt es sehr schwer, gleichzeitig Angst zu haben und ans Fressen zu denken.

HUNDEGESCHICHTEN

Stets zu Diensten

Schnipsel ist ein kleiner Hund mit einer großen Aufgabe. Die neunjährige Papillon-Dame setzt jedes Gramm ihrer drei Kilo Gewicht (sie ist kaum dreißig Zentimeter groß) ein, um ihrer behinderten Besitzerin ihre Mobilität und Unabhängigkeit zu bewahren. Die verlässt sich voll und ganz auf Schnipsel, ein Musterbeispiel für die Disziplin und die Fähigkeiten von Hunden, die darauf trainiert wurden, Menschen mit Behinderungen zu helfen. Die beiden sind ein starkes Team. Auf unterschiedliche Befehle hin springt Schnipsel auf die Küchenarbeitsplatte und schiebt ihrem Frauchen Dosen und andere Gegenstände zu, drückt auf die Tasten der Mikrowelle und steigt sogar in den Trockner und holt Kleidungsstücke heraus, die außerhalb der Reichweite ihrer Besitzerin sind. Beim Einkaufen schauen die anderen Leute verblüfft zu, wie Frauchen von ihrem Rollstuhl aus auf Waren deutet und Schnipsel auf die Regale springt und sie herunterholt.

Nur wenige Hunde sind so hingebungsvoll und intelligent wie Schnipsel und verfügen außerdem über einen so ausgeprägten Sinn für Humor. Einmal musste Schnipsel einige Zeit in einer Tierklinik verbringen. Ihr Frauchen riet der Arzthelferin, sie nicht in einen Käfig zu sperren, weil sie sicher war, dass sie alles tun würde, um schnell wieder bei ihr zu sein. Schnipsel wurde trotzdem in einen Käfig gesteckt. Zu jedermanns Überraschung tauchte sie kurz darauf aus dem Hinterzimmer auf – mit ein paar neuen Freunden im Gefolge. Sie hatte es nicht nur geschafft, die eigene Käfigtür zu öffnen, sondern auch gleich alle anderen Tiere freigelassen.

PROBLEM HUND

Name KLARA
Rasse PUDEL
Alter 2 JAHRE

Worum geht es Klara trinkt aus der Toilette. Das ist nichts Ungewöhnliches, denn viele Hunde halten die Kloschüssel für einen guten Ort, um ihren Durst zu stillen. Aber Klara belässt es nicht dabei. Wenn sie sich satt getrunken hat, hebt sie die Pfote und drückt so lange auf der Taste herum, bis die Spülung in Gang gesetzt wird. Dann steht sie da und schaut zu, wie das Wasser herabrauscht. Danach verlässt sie das Badezimmer. Ihre Besitzer stört es nicht, dass Klara ein bisschen Wasser verschwendet, aber sie sind ein wenig genervt – nicht nur, weil sie die Toilettenspülung hören, wenn außer ihnen niemand im Haus ist, sondern auch, weil es ihnen schon ziemlich verrückt vorkommt, dass Klara das überhaupt zuwege bringt.

Was tun Eine Verbindung zwischen dem Drücken der Taste und dem Fließen von Wasser herzustellen ist eine enorme Leistung und für einen Hund mit der Entdeckung der Quantenphysik zu vergleichen. Dass es sich in diesem Fall um einen Pudel handelt, ist kein Zufall, denn Pudel sind besonders intelligent.

Vermutlich hat Klara ihre Besitzer mehrfach dabei beobachtet, wie sie die Taste drückten, und ist dabei zu dem Schluss gelangt, dass sie das auch tun könnte. Aber selbst für einen Pudel ist das ein beachtlicher Schritt. Vermutlich hat es eine ganze Weile gedauert, bis sie es das erste Mal geschafft hat, die Spülung in Gang zu setzen. Und dann muss ihr gefallen haben, was sie sah und hörte, denn danach tat sie es immer wieder.

Doch es gibt noch eine andere Erklärung. Die meisten Hunde trinken Wasser aus großen Näpfen. Auch wenn man das Wasser jeden Tag erneuert, wird es doch warm und ist irgendwann abgestanden. Es ist denkbar, dass Klara die Spülung bedient, um an frisches, fließendes Wasser zu kommen, und das Zuschauen ist ein Teil des Spaßes. Wenn Klaras Besitzer von dieser Angewohnheit wirklich genervt wären, könnten sie ihr ein rasches Ende machen, indem sie einfach die Badezimmertür zumachen oder den Deckel herunterklappen. Natürlich ist es durchaus möglich, dass Klara auch lernt, den Deckel anzuheben; dann müssten sie sich etwas anderes einfallen lassen.

KAPITEL FÜNFUNDZWANZIG

Gassitraining

Der Ruf der Natur kommt nicht immer gelegen. Er ertönt mitten in der Nacht, auf einem belebten Gehsteig oder auf dem Rasen des Nachbarn. Man kann diesen Ruf nicht ignorieren, aber mit dem Hund daran arbeiten, dass er zu passenderen Zeiten kommt.

Hunde haben wenig Sinn für feines Benehmen und vornehme Zurückhaltung. So kann es passieren, dass Sie Tag für Tag peinlich berührt zuschauen müssen, wie sich Ihr Hund mitten auf der Straße erleichtert oder vor einem Haus, dessen Bewohner gerade vor der Tür stehen. Dabei spielt es keine Rolle, ob Ihr Hund seit 30 Minuten oder seit acht Stunden nicht mehr draußen war. Hunde halten aus einer Augenblickslaune heraus an, und niemand kann vorhersagen, wann sie es tun werden.

Regeln und körperliche Grenzen

Wenn Sie einen großen Garten besitzen, brauchen Sie sich um die Toilettengewohnheiten Ihres Hundes keine Gedanken zu machen – Ihrem Hund steht der ganze Rasen zur Verfügung. Wer jedoch in einer Etagenwohnung lebt, muss seinen Hund drei- oder viermal täglich ausführen, und selbst kurze Spaziergänge können zu einem Abenteuer werden, wenn

- der Hund darauf besteht, jedes senkrechte Objekt am Wege zu bewässern;
- er zu den unmöglichsten Zeiten eine Pinkelpause einlegen will, zum Beispiel beim Überqueren der Straße oder direkt vor den Gästen eines Straßencafés;
- er sich weigert, Kot oder Harn abzusetzen. Das passiert in der Regel um drei Uhr nachts, wenn Sie ungeduldig darauf warten, dass Ihr Hund endlich sein Geschäft erledigt.

Hunde haben kein Verständnis für unsere sozialen Regeln. Wir müssen uns damit abfinden, dass Hunde sich in Momenten erleichtern, die wir als unpassend empfinden, und dass es physische Grenzen gibt. Normalerweise kommen Hunde nur ins Freie, wenn sie ausgeführt werden. Das bedeutet, dass sie oft zehn bis zwölf Stunden aushalten müssen, was sie hart an die Grenze ihres Durchhaltevermögens bringt.

Und dann ist da noch der soziale Aspekt aus der Sicht des Hundes. Menschen gehen auf die Toilette, um sich zu erleichtern; doch Hunde haben mehr als nur das im Sinn – für sie sind ihre Ausscheidungen ein Mittel zur Kommunikation mit anderen Hunden. Sie halten am liebsten da an, wo andere Hunde vor ihnen angehalten haben – an Laternenpfählen, im Vorgarten eines Nachbarn oder mitten auf der Straße. Und Hunde haben kein Schamgefühl. Einen Haufen auf einem belebten Gehsteig zu deponieren ist ihnen einfach nicht peinlich. Warum bis zum Park warten, wenn sich da gerade ein hübsches Fleckchen auf dem Gehsteig anbietet?

Geplante Pausen

Jeder Hund, selbst einer, dessen sonstige Erziehung einiges zu wünschen übrig lässt, kann lernen, seine Pausen zu Zeiten und an Orten einzulegen, die für seinen Besitzer weniger unangenehm sind.

Den Zeitplan einhalten. Hunde haben nur ein sehr vages Zeitgefühl, aber ihre innere Uhr geht sehr genau. Wenn Sie Ihren Hund jeden Tag zur selben Zeit ausführen – vor allem nach dem Fressen, wenn sein Verdauungssystem auf Hochtouren arbeitet –, wird er schon auf diese Gelegenheit zur Erleichterung warten, und Harn- und Stuhldrang sind noch nicht so stark, dass sie ihn zur Verzweiflung treiben.

Einen »Marschbefehl« einführen. Genauso, wie Hunde lernen können sich zu setzen oder hinzulegen, können sie auch lernen, ihr Geschäft auf Kommando zu erledigen. Der Trick dabei ist, dass Sie das entsprechende Kommando geben, wenn Ihr Hund ohnehin gerade dabei ist. Wenn er sich hinhockt oder das Bein hebt, geben Sie ein Kommando wie »Wasser marsch!«. Wenn er es befolgt – was er natürlich tut –, loben Sie ihn über den grünen Klee. Wenn Sie diesen Befehl mehrere Wochen lang mehrmals täglich wiederholen, wird Ihr Hund bald die Worte mit der Aktion in Zusammenhang bringen und sich auf die Aktion freuen – und auf das Lob, das sie ihm einbringt.

Auf die Körpersprache achten. Selbst Hunde, die wissen, was von ihnen erwartet wird, sind nicht immer in der Lage, es zu tun – entweder weil sie zu lange warten mussten oder weil ihre Besitzer nicht aufgepasst haben. Damit der Hund verstehen kann, dass er immer auf Ihr »Wasser marsch!«-Kommando warten soll, müssen Sie seine Körpersprache beobachten. Wenn er unruhig wird, bringen Sie ihn rasch an einen geeigneten Ort und geben Sie das Kommando. Je häufiger Sie das üben, desto leichter fällt es dem Hund, seine Pausen so einzurichten, wie es für Sie am passendsten ist.

Dieser Australische Schäferhund erleichtert sich bereitwillig auf Kommando, aber ein hübscher Baum in der Nähe ist immer ein zusätzliches Vergnügen.

Patentrezept Hunde können ihr Geschäft nicht immer so schnell erledigen, wie ihre Besitzer es gern hätten. In solchen Fällen sollten Sie tief Luft holen und mit Ihrem Hund um den Block rennen. Die schnelle Bewegung beschleunigt den Stoffwechsel und nach ein paar Minuten sind die meisten Hunde zur Tat bereit.

☆ KUNSTSTÜCKE ☆

Die Pfote geben

Einander die Hand zu geben ist immer eine freundliche Geste. Menschen tun es ständig und auch Hunde können es lernen. Besonders bei einem großen Hund wissen die Leute dann sofort, dass er nicht nur freundlich ist, sondern sich auch zu benehmen weiß.

1 Lassen Sie den Hund sitzen. Halten Sie ihm einen Leckerbissen so vor die Nase, dass er ihn sehen kann; dann schließen Sie die Hand zur Faust.

2 Die geschlossene Hand unter das Kinn des Hundes halten und eine Weile warten. Irgendwann wird er anfangen, die Hand zu bepfoten, um an den Leckerbissen zu kommen. Sobald er die Pfote hebt, loben Sie ihn und geben Sie ihm die Belohnung. Üben Sie so lange weiter, bis er schon die Pfote hebt, wenn Sie Ihre Hand zu seinem Kinn ausstrecken. Dann geben Sie jedes Mal das Kommando »Gib Pfote«. Schon bald wird er begriffen haben, dass eine hingehaltene Hand immer eine Aufforderung zum »Händeschütteln« ist.

☆ KUNSTSTÜCKE ☆

Hallo sagen

Jeder Hund kann auf einen Fremden zulaufen und ihm die Nase zwischen die Beine stecken, aber nur gut erzogene Hunde heißen Besucher willkommen, indem sie tatsächlich »Hallo« sagen – oder zumindest ein gesittetes Begrüßungsbellen von sich geben.

1 Tun Sie etwas, von dem Sie wissen, dass es Ihren Hund zum Bellen bringt, z. B. die Türglocke läuten. Bei manchen Hunden reicht es, wenn Sie aufgeregt herumspringen. Sobald Ihr Hund anfängt zu bellen, geben Sie das Kommando »Sag hallo!«.

2 Nach dem ersten oder zweiten Bellen geben Sie ihm einen Leckerbissen. Da Hunde nicht gleichzeitig bellen und fressen können, wird er sofort verstummen. Wenn das der Fall ist, sagen Sie »Genug!«. Üben Sie so lange, bis Ihr Hund auf die entsprechenden Befehle bellt und wieder aufhört. Dann kann er sein Kunststück bei den Nachbarn vorführen.

☆ KUNSTSTÜCKE ☆

Sich zurückziehen

Ein freundlicher Hund ist eine angenehme Gesellschaft, aber es kann passieren, dass er etwas zu freundlich ist: Er folgt Ihnen auf Schritt und Tritt, er stupst Sie an, weil er spielen will, oder er steht einfach ständig im Weg. Deshalb sollte jeder Hund einen Platz haben, an den er sich zurückziehen kann, wenn Sie Ihre Ruhe haben wollen.

1 Halten Sie dem Hund einen Leckerbissen vor die Nase und locken Sie ihn damit zu seinem Platz. Ermutigen Sie ihn dazu, sich dort hinzulegen. Wenn er Anstalten dazu macht, sagen Sie »Platz! Ecke!«. Sobald er sich hingelegt hat, bekommt er den Leckerbissen.

2 So lange weiterüben, bis er begriffen hat. Nach einiger Zeit können Sie auf das »Platz!« verzichten und nur noch »Ecke!« sagen. Dann gehen Sie dazu über, den Befehl aus größerer Entfernung zu geben. Anfangs sollte das nur etwa ein halber Meter sein, aber nach einiger Zeit sollten Sie von der anderen Seite des Zimmers auf den Platz zeigen können, worauf er sich sofort dorthin begibt und sich hinlegt.

☆ KUNSTSTÜCKE ☆

Spielzeug holen

Erfahrene Gastgeber sorgen dafür, dass ihre Gäste sich wie zu Hause fühlen, indem sie eine gemeinsame Beschäftigung vorschlagen. Auch Hunde können gute Gastgeber sein, indem sie einem Gast etwas bringen, womit er spielen kann. Dieses Kunststück üben Sie am besten im Haus, damit der Hund nicht sein Spielzeug ergreift und damit hinter den Rhododendren verschwindet.

1 Werfen Sie ihm ein Spielzeug so zu, dass es kurz vor ihm landet. Sagen Sie »Hol das Spielzeug!« und ermuntern Sie ihn dazu, es aufzunehmen. Wenn er das tut, fordern Sie ihn auf, es Ihnen zu bringen. Dafür loben und belohnen Sie ihn. Danach darf er dann mit seinem Spielzeug spielen.

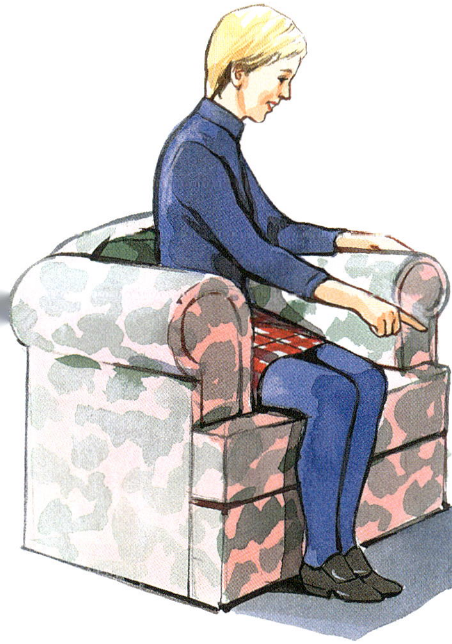

2 Üben Sic so langc, bis cr das Spiclzcug bringt, auch wenn Sie weiter entfernt sind. Nach einer Weile wird er auch in der Lage und bereit sein, das Spielzeug aus seinem Korb zu holen. Wenn Sie Ihre Gäste unterhalten wollen, können Sie das Kommando geben, während Sie neben ihnen sitzen, oder sie auffordern, selbst »Hol das Spielzeug!« zu sagen.

Bildnachweis und Danksagung

(o=oben, u=unten, li=links, r=rechts, M=Mitte)
Abdruckrechte für Fotos wie nachstehend aufgeführt.

FOTOS:

Ad-Libitum: Stuart Bowey, S. I, VI, 2, 4, 6, 7, 8, 10, 11, 12, 13, 14, 15, 16, 17, 20, 21, 23 o und u, 27, 28, 29, 31, 32, 34, 35, 36, 37, 38, 39, 40, 42, 44, 45, 48, 49, 50, 51, 52, 53, 54, 55, 56, 57, 58, 59, 60, 63, 65, 68, 69, 70, 72, 73, 74 u li, 75, 76, 77, 78, 79, 80 o li, 81, 88, 91, 93 o li und u r, 94, 95, 97, 99, 100, 103, 104, 105, 107, 109, 117, 118, 119, 121, 130, 131, 132, 133, 134 o li und u r, 135, 136 o li, 139 li o und u, 140, 141, 142, 143, 144, 147, 149, 150, 151, 152, 155, 157

Auscape International: Jean-Michel Labat, S. 98; Yves Lanceau, S. 123; Klein/Hubert-Bios, S. 136 u r

Australian Picture Library: John Carnemolla, S. 25 u

Bill Bachman: S. VIII, 22, 80 u r

Norvia Behling: S. 5, 46, 66

Bruce Coleman Limited: Jane Burton, S. X, 90

Kent und Donna Dannen: S. 26, 120

Ron Levy: S. 115

André Martin: S. 113

The Photo Library: David Madison, S. 18

Dale C. Spartas: S. II, 25 o li, 128

Judith E. Strom: S. 108, 111

ILLUSTRATIONEN:
Alle Illustrationen: Chris Wilson/Merilake
Vignetten: Matt Graif

Für die Mitarbeit an diesem Buch dankt der Herausgeber:
Trudie Craig; Karen Francis (Pawprint); Annabel Fraser und Tracey Jackson
Ein besonderer Dank gilt folgenden Hundehaltern, die ihre Tiere als »Fotomodelle« zur Verfügung gestellt haben:
Kerry Achurch und »Jak«; Lindy Archer und Sue Deehan und »Champagne« und »George«; Tim und Andrea Barnard und »Sam« und »Tessa«; Helen Bateman und »Bonnie«; Esther Blank und »Max«; Corinne und Don Braye und »Minne«; Jenny Bruce und »Stella«; Penny Cass und »Wilma«; Jo Cocks und »Gypsy«; Lindy Coote und »Boo«; Frances Farac und »Madison«; Judith Fox und »Rawson«; Gwynneth Grant und »Max«; Lindy Haynes und »Hudson«, »Nelson« und »Panda«; Dinah Holden und »Molly«; Anne Holmes und »Marli«; Ann Howard und »Bella«; Lubasha Macdonald und »Tigra«; Paul McGreevy und »Wally«; Andrew McIntyre und »Abby« und »Daisy«; Rosemary Marin-Guzman und »Biggles«; John Maroulis und »Harry« und »Monty«; John und Hilary Mulquin und »Cleo«; Judith Neilson und »Pepa«; Dan Penny und »Molly«; Jackie Richards und Nick Wiles und »Skipper«; Matthew Robinson und »Jesse«; Denise Rowntree und »Bootsie«; Craig und Melissa Turner und »Carne« und »Flash«; Jan Watson und »Flash« und »Jessie«; Russ Weakley und »Max«, »Bob« und »Harry«; Kathryn Weidemier und »Jessika«

Register

Kursive Ziffern verweisen auf Abbildungen.

T

U

V

W

Y

Z